聖書禪解
성 서 선 해

활안 韓定燮 著

佛敎精神文化院

서 문

내 나이 73세. 기독교생활 4반세기에 접어들었지만 세상에 태어나서 이런 글을 읽어본 것은 처음이다.

하나님의 말씀을 교묘하게 인간적인 면에서 잘도 풀이해 가면서도 털끝만큼도 하늘의 뜻을 어기지 않고 우주의 질서를 손색없이 드러냈다.

정의·사랑·애민의 여호와께서 때로는 저주의 신이 되어 수많은 생명을 죽이면서도 "나는 너희를 사랑한다"고 할 때 때로는 "위선자"로 낙인찍고 두려워하면서도 원망 기도하고 저주하였다. 그런데 활안스님은 그것을 하나도 뜻에 틀리지 않게 인간의 욕심과 포악을 심판하면서 도리어 하늘의 질서를 재삼 일깨워 주고 있다.

실로 성서는 기독교인들만을 위한 책이 아니다. 인류가 낳은 최고 최상의 지혜요 사랑인 것이다. 그런데 그동안 동서의 기독교인들이 하나님을 핑계 삼아 얼마나 많은 죄악을 저질러 왔던가. 그런 면에서 부끄러워할 줄을 모르고 있다. 그러므로 이 "성서선해"는 성서를 새롭게 이해하는 데 좋은 길잡이가 될 것이다. 왜냐하면 인간은 인간 생각 밖에 할 줄 모르지만 하늘은 인간을 사랑하면서도 하늘의 질서를 더 중요시하기 때문이다.

사실 우리 인간이 세상에 태어나면서 무엇 하나 가지고 왔던가. 발가벗은 몸으로 와서 부모 덕분에 형제 덕분에 이 세상을 알게 되고, 이 세상을 알면서 나, 내 것을 중심으로 우리의 생명을 유지시켜 온 자연까지도 무시하고 오직 나, 내 것만을 위해서 살아왔다. 그래서 하나님은 노(怒)하신 것이다. 그리고 지상의 임금님을 인정하지 아니했으며, 인정한 후에도 하늘의 질서를 위해 헌신할 것을 강조하였던 것이다.

그런데 우리 인간은 높은 자리에 있을수록 하늘을 괴롭게 하였으니 오죽하면 노아의 홍수와 같은 재난을 보여주었겠는가.

내 종교 네 종교를 가리고 내 것 네 것을 따져 선과 악을 밥 먹듯 하고 마침내는 선이 무엇인지 악이 무엇인지도 모르고 무조건 천당과 지옥만을 이야기하며 사랑의 동산에 불을 놓고 물을 퍼부어 세상을 말려 왔다. 이젠 그만 더 이상 어리석음을 그치고 하늘의 지혜에 나아가 전날의 잘못을 뉘우치고 서로 사랑하며 아끼고 존중할 줄 아는 사람이 되어야 할 것이다.

하늘은 한 물건도 버리지 않지만, 그렇다고 한 물건도 받아들이는 것이 없다. 아무쪼록 관심 있는 사람은 이 글을 읽고 동서의 지혜를 한꺼번에 터득하시기 바란다.

2010년 2월 순복음교회 집사 이순진

머리말

　성경은 불경과 함께 동서문화의 백미(白眉)이다. 인류 문화 사상 가장 위대한 책들로 수십 세기 동안 종교를 초월해서 많은 사람들이 읽고 있다.

　그러나 유독 우리 한국에서만은 종교가 다를 때 자기 종교 이외의 다른 서적에 대해서는 도외시하는 경향이 있다. 그러나 이제 온 세계가 한 가족이 되고, 지구 밖의 별세계가 한 집안이 되어가고 있는 이때 우리가 우리의 것을 모른다면 누가 그것을 읽고 알아주겠는가.

　사실 불경과 성경이 우리 인류 역사상 가장 위대한 책으로 인정받는 것은 종교적 업적도 업적이지만, 그 속에 들어있는 사상이 인류의 역사와 문화·철학·과학 등 다양한 지식과 교양이 포함되어 있기 때문이다. 그러기 때문에 수천년 동안 전세계 인류들이 이를 의지하여 악을 그치고 선행을 해왔고, 어리석은 마음을 깨달아 지혜로운 삶을 개척해 왔던 것이다.

　언젠가 나는 한 목사님이 기독교 심리학을 불교와 함께 공부하자고 하여 "기독교상담심리학과 불교상담심리학"이란 책을 낸 일이 있는데, 이번에는 내가 병원에서 이름난 전도사를 만나 "마스터 성경" 한 권을 얻어 읽은 것이 인연이 되어 이 글을 쓰게 되었다. 모두가 다 깊은 인연이라 생각하고 감사한다.

　30년 전 인도에 가서 예수님이 인도에 와서 16년 동안 공부한 발자취를 발견하고, 그 뒤 또 토마스 성자가 인도에 와서 전도한 사실을 알게 되면서 동서문화가 둘이 아닌 것을 깨달은 바 있다.

특히 불교의 "미란다왕문경"은 서양의 임금님이 동양의 스님과 문답한 경전으로 동서문화의 가교를 이룬 지 오래 되었지만 아직도 지구촌에서는 종교전쟁이 그치지 않고 있다. 모두 이것은 피차의 사상을 바로 이해하지 못한 데 문제가 있다고 생각한다.

선(禪)은 문자와 관계가 없다. 그러나 언어가 문자를 의지하지 아니하면 바로 사람의 마음을 전달할 수 없으므로 불가피하게 언어문자를 사용하여 글을 쓰게 된 것이다. 이것은 마치 여호와께서 말씀을 통해 세상을 만들고 말씀을 의지하여 죄와 복을 심판하신 것과 같다.

실로 하나님은 이 세상에 아름다운 동산을 만들어 하늘의 별장을 인류에게 선물하고자 하였으나 그 뜻을 바로 이해하지 못한 사람들에 의해 죄악의 세계가 만들어졌으니 오늘도 어쩌면 여호와께서는 한 생각 일으켰던 그 마음을 한탄하고 있을는지 알 수 없다.

그러므로 옛사람이 "천 자(千尺) 긴 낚싯줄을 바로 내 던졌더니 한 파도 일어나자 만 파도가 일어난다." 하고 고요한 밤하늘에 밝은 달만 가득 싣고 돌아왔다."고 하였다. 나 또한 고기가 물고 안 물고는 상관하지 않는다. 단지 밝은 달빛 속에 천지가 밝아져 어두운 세계가 없어지기를 바랄 뿐이다.

2009년 부처님 성도재일
활안 한정섭 씀

목 차

일러두기

1. 이 책은 성경을 선적(禪的)으로 이해해 본 것이다.

2. 이 책의 대본은 성서교재간행사의 "마스타성경"을 사용하였으며, 이를 축소 간이(簡易)하여 이해를 돕도록 하였다.

3. 원래 성경은 글자 한 자 단어 하나라도 함부로 옮겨 써서는 안 되는 것으로 알고 있다. 그러나 워낙 양이 많아 다 풀어 쓴다는 것은 어려운 일이므로 온유한 마음으로 마음 속에 깊이 새기며 상고할 만한 것을 지도자의 도움을 받아 깨닫도록 하였다.

4. 특히 사람의 죄를 지적하고 완악함을 깨우치며 죽은 자를 회생시키고 불순한 자를 소멸시키는 말씀이나 자신의 모습을 스스로 돌아보고 새로운 삶을 통해 신령을 섬겨지게 하는 것을 중심으로 정리해 보았다.

5. 종교란 원래 언어 이전의 소식을 알리는 것이므로 비유와 인연 없이는 설명이 불가능하다. 그러므로 예수님께서도 수십 개의 비유와 인연을 가지고 하나님의 뜻을 전한 것으로 안다.

6. 그러므로 이 글을 읽는 사람은 문자와 언어에 깊이 천착하지 말고 그 속에 들어있는 뜻을 바로 이해하여 밝고 맑은 신행으로써 세상을 복되게 해주시기 바란다.

창세기

Ⅰ. 천지창조

하늘은 아버지요
땅은 어머니
천지가 창조된 이후
만물이 생기게 되었으니
이것은 하늘의 불가사의한 조화다.

(1) 태초의 하나님

태초에 하나님이 천지를 창조하시니라.

〈창세기 1:1〉

태초 : 진묵겁전(塵墨劫前)

티끌 같은 세월
비롯함이 없는 데서 끝없는 일이 생겼으니
평지풍파에 속수무책이다.

하나님 : 명부득상부득(名不得狀不得)

이름도 없고 모양도 없어
잡을래야 잡을 수 없는 하늘이여,

하나는 천지의 근본이요
만물의 영장이다.

(2) 어두움 속의 하나님

**땅이 혼돈하고 공허하며 흑암이 깊음 위에 있고 하나님의 신
은 수면 위에 운행하시니라.**

〈창세기 1:2〉

땅 : 만물의 어머니(萬物之母)

맑은 정신이 까닭 없이 흐려지니
한 줄기 풀잎 위에 이슬이 맺혔구나.

혼돈 : 화광동진(和光同塵)

볼 수도 없고 잡을 수도 없는 것이
물속에 잠겨 있으니
가(+) 감(-) 승(×) 제(÷)가
무슨 소용이 있겠는가.

공허 : 진공묘유(眞空妙有)

빈 마음속에
묘한 작용 일어나니
삼라만상(森羅萬象)이 그 속에 존재한다.

(3) 빛과 어두움

빛이 있으라 하니 빛이 있고 그 빛이 보시기에 좋아 빛과 어
둠을 나누어 밤과 낮을 만들었다.

〈창세기 1:3~5〉

빛 : 금까마귀 나는 곳에 옥토끼가 춤을 춘다(金烏出沒)

차고 더움이 둘이 아닌데
밝고 어둠이 다르겠는가.

어두움 : 역사는 밤에 이루어진다(深夜歷史)

그러나 명(明)과 무명(無明)이 서로 밀고 당기니
그 속에서 바람이 생겨 긴 잠을 깨트렸다.

(4) 물 가운데 궁창

물 가운데 궁창이 있어 물과 물으로 나누고 궁창은 하늘, 물은
땅, 물을 바다라 하였다.

〈창세기 1:6~9〉

물 : H_2O

하늘은 푸르고 땅은 누르고 물은 검으나
모두가 한 색이다.

궁창 : 현현우현(玄玄又玄)

바람 없는 데서 파도가 이니
절벽과 언덕에 갖가지 꽃무늬가 생기었다.

바다 : 천지의 진액(天地眞液)

찌꺼기가 밑에 가라앉으니
물은 위로 떠 구르며 바람과 불을 일으켰다.

(5) 만물의 소생

땅은 풀과 채소 과목을 내고 궁창에 광명이 있어 주야를 나누
니 징조와 사시와 일자와 연한이 생겼다.

〈창세기 1:10~15〉

초목총림(草木叢林)

무엇이든 떨어지는 대로 싹이 트니
춘·하·추·동은 계절의 징조이고
초하루·보름은 연한의 나이테다.

불변수연(不變隨緣)

변치 않는 마음속에
인연을 따르는 것이 생겨나
변(變) 불변(不變)이 둘이 아니다.

(6) 밤과 낮

두 큰 광명으로 밤낮을 주관하게 하고 그 사이에 별들이 있어
반짝이니 하늘에서는 새가 날고 땅에서는 생물이 자라고 바다에
서는 고기가 번성하였다.

〈창세기 1:16~25〉

일월성신(日月星辰)

해와 달, 별이여,
해는 낮을 비치고
달은 밤을 비추며
반짝반짝 전파성(電波星)
잠만 자는 수열장(宿列張)

이상이 천지창조의 역사이고
다음은 인간의 역사이다.

2. 인간의 역사

땅속에서 났다가
땅속으로 돌아가는 인간

살결은 물이요
체온은 불이나

생사의 길이
오직 호흡 하나에 달려있다.

(1) 권력의 부여

하나님의 형상대로 사람을 만들어 "세상을 정복하라" 하시니
땅의 짐승과 바다의 물고기, 허공의 새들이 모두 그들의 것이 되
었다.

〈창세기 1:26~31〉

생존경쟁이요 약육강식이로다(生存競爭 弱肉强食)

내 것이 내 것이 아니고
내가 내가 아니다.

그래서 여기서
흥망성쇠와 길흉화복이 생겼다.

(2) 안식일

이렇게 제6일까지 빛과 궁창·바다·땅·식물·해와 달·별·조류와 어류·동물과 사람을 만들고 제7일에 쉬니 제7일이 안식일이 되었다.

할 일 없으니 태평세월이로다(無事泰平)

봄물은 사해에 차고
여름 구름은 봉우리도 많다.

가을 달이 밝게 빛나니
겨울 솔은 더욱 빼어나구나.

(3) 흙 속의 사람

흙으로 사람을 지으시고 생기를 불어넣어 동산에 두시고 아름답고 먹기 좋은 나무들이 나게 하셨는데 거기에는 선악과도 있었다.

〈창세기 2:1~9〉

선악과 : 하늘에는 본래 선악이 없다(本無善惡)

해와 달은 천년의 거울이요
강과 산은 만고의 병풍이다.

하늘의 별들은 구슬 같고
땅의 초목은 부평초 같다.

(4) 금단의 열매

에덴의 물이 비손·기혼·힛데겔·유브라데를 적시자 그 모든
관리를 맡기되 단지 선악과만 따먹지 말라 하였다.

〈창세기 2:10~17〉

약 가운데 독이 있다(藥中有毒)

비상은 잘못 먹으면 죽는다.
잘 먹으면 약이고
잘못 먹으면 병이다.

개 눈에는 개만 보이고
사람 눈에는 사람만 보이기 때문이다.

(5) 하와의 탄생

사람이 홀로 사는 것이 좋지 못하므로 그를 돕는 배필을 만들
고자 아담의 갈비뼈를 취해 여자(하와)를 만들었다.

〈창세기 2:18~25〉

동성동본(同姓同本)

뼈 중의 뼈요
살 중의 살이다.

해와 달도 둘이고
산과 물도 둘이니
어찌 눈·귀·코가 하나이겠는가.
그래서 부부는 일신이다.

(6) 간교한 뱀

들짐승 가운데 간교한 뱀이 있어 여자를 꼬여 선악과를 따먹
게 하니 눈이 밝아져 몸이 벗은 것을 알게 되므로 무화과 나뭇잎
으로 치마를 만들어 입었다.

〈창세기 3:1~7〉

뱀 : 간교한 뱀이 사람을 속이다(奸巧欺妄)

징그러운 물건
꿀 속의 독이요
혀끝에 칼이다.

거짓이 몸에 배면 부끄러움이 생기고
죄가 마음속에 들어가면 공포에 떨게 된다.

(7) 죄악의 두려움

아담과 하와가 여호와의 소리를 듣고 동산나무 숲으로 숨자
뱀에겐 배로 땅을 기어다니는 벌을 주고, 여자에겐 자식 낳는 고
통을 주고, 남자에겐 종신토록 수고하다가 죽어 흙으로 돌아가는

벌을 준 뒤 가죽옷을 입혀 동산 밖으로 쫓아내고 동산에는 화염
검을 둘러 영원히 들어오지 못하게 하였다.

〈창세기 3:8~24〉

철뱀이 뼛속에까지 끼어들다〈鐵蛇讚入〉

콩 심은 데 콩 나고
팥 심은 데 팥 난다

뱀은 사람에게 밟히고
사람은 뱀에게 물리니
은혜와 원수가 따로 없다.
피와 살을 섞은 과보로다.

여기까지가 죄악의 인간이 탄생되게 된 동기이고
다음은 그 자손들 이야기다.

3. 아담의 자손들

아담은 하나님의 그림자요
인류의 조상이다.

선악과를 따먹고 창조질서를 파괴함으로써
축복과 책임의 배신자로 죄인의 낙인이 찍혔다.

(1) 가인과 아벨

아담이 가인과 아벨을 낳았는데 가인은 농사짓고 아벨은 양을 쳤다. 얼마 후 땅의 소산으로 재물을 삼아 여호와께 드렸는데 아벨의 것은 즐겨 받았으나 가인의 것은 받지 아니하므로 가인이 아벨을 쳐서 죽였다.

〈창세기 4:1~9〉

일대일익(一撞一搦)

믿음이 있는 공물은 천지를 감동시키나
믿음이 없는 제물은 귀신도 싫어한다.

형제는 우애하고 공손하기를 바라는데
부모의 편애가 사람을 죽였다.

(2) 최초의 살인

아우의 핏소리가 하늘에까지 올라가 호소하니 그는 땅의 저주를 받고 유랑자가 되었다. 그러나 "그를 죽이는 자는 7배의 벌을 받는다." 하여 하나님께서 그의 생명을 보증해 주었다.

〈창세기 4:10~15〉

혈흔등천(血痕登天)

미오은현(迷悟隱現)하고
명암불이(明暗不二)로다

갈리는 밭속에 봄빛이 묻어나고
흐르는 물속에 달빛이 어린다.

(3) 그래도 손은 끊어지지 않았다

가인이 에녹을 낳자 에녹은 이랏을 낳고 이랏은 므후야엘을 낳고 므후야엘은 므드사엘을 낳고 므드사엘은 라멕을 낳았다.
라멕이 두 아내(아다·씰라)를 취하여 아다에게서는 야발과 유발을 낳으니 야발은 육축의 시조가 되고 유발은 수금과 퉁소의 시조가 되었다. 그리고 씰라는 동철의 시조가 되는 두발가인을 낳고 누이동생 나아마를 낳았다.

〈창세기 4:16~22〉

직업분산(職業分散)

하늘 땅에 .자리가 정해지니
맡은 바 임무가 각각 달라졌다.

서쪽 정자에 강 달이 뜨니
동쪽 누각에선 매화가 피었다.

(4) 라멕의 창상

라멕이 "내가 창상으로 사람을 죽였으니 가인의 벌은 7배였으나 나의 벌은 77배나 되리라" 하였다.
아담은 다시 아들 셋을 낳고

셋은 에노스를 낳으니
그때부터 사람들이 여호와를 불렀다.

〈창세기 4:23~26〉

고단한 인생(孤單人生)

배고픈 사람 엄마를 찾고
물에 빠진 자가
하늘을 부르게 되어 있다.

한 개의 콩씨에서 백 개의 콩이 나니
인간과 시간이 강물처럼 흘러갔다.

(5) 장수가족

아담은 130세에 셋을 낳고 800년 동안 생산하다가 930세에 죽었고, 셋은 105세에 에노스를 낳고 807년 동안 생산하다가 912세에 죽었고, 에노스는 90세에 게난을 낳고 815년 동안 생산하다가 905세에 죽었고, 게난은 70세에 마할랄렐을 낳고 840년 동안 생산하다가 910세에 죽었고, 마할랄렐은 65세에 야렛을 낳고 830년 동안 생산하다가 895세에 죽었고, 야렛은 162세에 에녹을 낳고 800년 동안 생산하다가 962세에 죽었고, 에녹은 65세에 므두셀라를 낳고 300년 동안 하나님과 동행하다가 365세를 향유하다가 하나님께서 데려가셨다. 므두셀라는 187세에 라멕을 낳고 782년 동안 생산하다가 969세에 죽었고, 라멕은 182세에 노아를 낳고 595년 동안 생산하다가 777세에 죽었다. 노아가 500세 때에

셈과 함, 야벳을 낳으니

　그때부터 사람의 딸을 취해 육체를 사랑하므로 120년 이상 살기 어렵게 되었고, 거기서 네피림(거인)과 용사가 나왔다.

〈창세기 5장～6:4〉

부유인생(蜉蝣人生)

봄이 오니 푸른 잎이 피어나더니
가을이 되니 누런 잎이 떨어진다.

강산은 만고의 주인이고
인물은 백년의 손님이로다.

(6) 죄악의 세상

　사람의 죄악이 세상에 꽉 차고 그 마음 생각이 모두 악하게 되니 여호와께서 한탄 근심하시며 "내가 지은 사람을 내 지면 위에서 쓸어버리되 사람과 육축·공중의 새까지도 그리하리라" 하시고 단지 의인 노아와 그 세 아들이 완전한지라 잣나무로 방주를 3층으로 만들게 하고 아내와 자부, 혈육 있는 생물 한 쌍씩을 방주로 끌어들여 생명을 보존케 한 뒤 40주야를 비를 내려 모든 생명들을 다 죽여 버렸다. 노아는 600세에 물 속에서 피난하고 그 해 2월 10일에 배에서 나와 번제를 지냈다. 이에 여호와께서 다시는 생물을 멸하지 아니할 것을 약속하였다.

〈창세기 6:5～8:22〉

성글어도 새지 않는 것이 하늘 그물이다(天網無漏)

자연의 눈물이 천지에 꽉 차니
홍수가 되고

사람의 마음이 불량해지니
땅속에서 불이 일어난다.

(7) 노아와 무지개

하나님께서 노아와 그의 아들들에게 복을 주시매 "생육하고 번성하여 땅에 충만하라. 땅의 짐승과 공중의 새, 바다의 고기를 모두 그대들에게 주노라. 단지 고기를 먹되 피째 먹지 말라. 피를 먹으면 피의 과보를 받으리라" 하고, 무지개로써 증거를 보이셨다.

〈창세기 9:1~17〉

무지개는 인천의 다리다(虹蜺架橋)

바람 끝에 등불이요
처마속의 달빛이라

해 저무니 멀리 푸른 산이 아른거리고
날 추우니 초가집이 쓸쓸하다.

(8) 가나안의 조상

방주에서 나온 노아의 세 아들로부터 사람들이 온 땅에 퍼졌다. 노아가 농업을 시작하여 포도를 심고 포도주를 만들어 마시고 취하여 벌거벗고 있으니 가나안의 아비 함이 이를 보고 셈과 야벳에게 말하매 셈과 야벳이 옷을 취하여 덮어 드렸는데 노아가 술이 깨어 가나안을 저주하였다.

"그 형제의 종들의 종이 되기를 원하노라."

말하자면 가나안은 셈의 종이 되고 야벳을 창대케 하여 셈의 장막에 거하게 하시고 가나안은 그의 종이 되게 하기를 원한다는 말이다. 그 때가 홍수 후 350년이니 노아는 950세가 되어 죽었다.

〈창세기 9:18~29〉

술은 미치는 약이다(酒是狂藥)

늙어봐야
늙은 사람의 속을 안다.

노망하면 주책 떤다더니
그런 줄 알았으면 원망할 것이 없다.

(9) 야벳의 자손들

야벳의 아들은 고멜과 마곡·마대·야완·두발·메섹·디라스이고, 고멜의 아들은 아스그나스와 리밧·도갈마이고 야완의 아들은 엘리사·달시스·깃딤·도다님인데 이들은 각기 방언 속에서 바닷가에 주로 머물렀다.

〈창세기 10:1~5〉

동·서·남·북이 우(宇)가 되니
춘·하·추·동은 주(宙)가 되었다.

사람은 천리 밖에 떨어져 있어도
기쁨은 주색(酒色) 속에 들어있다.

(10) 함의 가족들

함은 구스와 미스라임·붓·가나안을 낳고, 구스는 스바와 하윌라·삽다·라아마·삽드가를 낳고, 라아마는 스바와 드단을 낳고, 또 구스는 세상의 영걸 사냥꾼 니므롯을 낳았는데 그의 나라는 시날의 바벨과 에렉·악갓·갈레였고 다시 앗수르로 나아가 니느웨·르호보딜·갈라를 차지하여 레센 대성을 건축하였다. 미스라임은 루딤과 아나밈·르하빔·납두힘·바드루심·가슬루힘·갑도림을 낳았고

가나안은 시돈과 헷을 낳고 여부스족과 아모리족·기르가스족·히위족·알가족·신족·아르왓족·스말족·하맛족의 조상을 낳았는데, 그의 영토는 시돈에서부터 그랄·가사·소돔·고모라·아드마·스보임·라사까지였다.

〈창세기 10:1~20〉

해와 달이 서로 빛나니
별들은 둘러서서 눈들을 깜박인다.

아버지는 자식을 사랑하고
자식은 부모님께 효도한다.

(11) 셈의 후계자

셈은 에벨 온 자손의 조상으로 야벳의 형이다. 엘람·앗수르·
아르박삿·룻·아람을 낳고, 아람은 우스와 훌·게델·마스를 낳
고, 아르박삿은 셀라, 셀라는 에벨, 에벨은 벨렉과 욕단, 욕단은
알모닷·셀렙·하살마윗·예라·하도람·우살·디글라와 오발·
아비마엘·스바·오빌·하윌라·요밥을 낳았는데 그들의 거처는
메사에서부터 스발로 가는 동편산이었다.

〈창세기 10:21~32〉

자손은 만대에 영화를 누렸다(子孫萬代榮)

높은 산 흰 구름
넓은 들 푸른 하늘

강산이 온통 한 폭의 그림인데
밤과 낮은 명암 속에 운행하고 있었다.

(12) 바벨탑과 혼어(混語)

이들이 각기 노아의 자손으로 여러 세계와 나라를 번성하여
열국을 이루어 하나의 언어를 사용하였는데, 동방에 하늘에 닿는
탑을 세우자 하여 큰 탑을 세우니 그 이름이 바벨이다.

하나님께서 이를 보시고 내려와 그들의 언어를 혼잡케 하셔
그 일을 그치게 하였다.

〈창세기 11:1~9〉

유유상종(類類相從)

개는 개대로
사람은 사람대로
세상은 제멋대로
제 세상을 살아간다.

(13) 홍수 이후의 일들

셈은 홍수 후 2년 있다가 아르박삿을 낳고
그 후 500년 동안 자녀를 낳았으며,
아르박삿은 35세에 셀라를 낳고 403년 동안 자녀를 낳았고
셀라는 30세에 에벨을 낳고 403년을 동안 자녀를 낳았으며,
에벨은 34세에 벨렉을 낳았고 430년 동안 아기를 낳았으며,
벨렉은 30세에 르우을 낳았고 209년 동안 아기를 낳았으며,
르우는 32세에 스룩을 낳았고 207년 동안 아기를 낳았으며,
스룩은 30세에 나홀을 낳았고 200년 동안 아기를 낳았으며,
나홀은 29세에 데라를 낳았고 119년 동안 아기를 낳았으며,
데라는 70세에 아브람과 나홀·하란을 낳았다.

〈창세기 11:1~26〉

벌나비가 춤을 춘다(蜂蝶相舞)

노는 파도 아래 달을 두들기고
배는 물속의 하늘을 내젓는다.

세월이 쌓여 옮기고 옮기니
닷새(候) 열흘(旬)이 나이(齡)를 헤아리게 된다.

(14) 아브람의 탄생

데라는 아브람과 나홀·하란을 낳았는데 하란은 아버지보다 먼저 갈대아에서 205세로 죽었다. 아브람은 사래와 결혼하고 나홀은 하란의 딸 밀가와 결혼하였다.

사래는 잉태하지 못해 데라가 두 아들과 며느리 손자 롯을 데리고 갈대아 우르에서 가나안으로 가다가 하란에서 205세에 데라가 죽고 아브람이 하나님의 부름을 받아 74세에 가나안으로 갔다. 세겜·모레 상수리나무에 이르러 단을 쌓고 찬송하다가 점점 남쪽 애굽성으로 갔다. 애굽사람들은 예쁜 여자를 보면 그의 남편을 죽이고 데려가기 때문에 누이동생이라 가장하고 들어가 바로 왕에게 바치니 양과 소 노비·암수 나귀 약대 등을 주었다.

〈창세기 12:1~16〉

미모탈락(尾毛脫落)

잘못하면
눈썹이 빠진다.

불어날 것도 줄어질 것도 없는 세상에
왜 그리 고향땅은 먼가!

사래가 바로의 궁에 들자마자 하나님께서 재앙을 내리므로 즉
시 내보냈다. 아브람이 롯을 데리고 벧엘에 이르렀으나 피차 양
과 소가 많아 기르기 어려우므로 롯이 요단들을 택하여 이사 가
고 아브람은 소돔에 이르러 있었는데 소돔 사람들이 악하여 헐고
뜯었으므로 아브람은 헤브론에 있는 마므레 상수리나무 숲으로
가 하나님의 계시를 받았다.
"그 땅은 너와 네 자손들에게 주겠다."
그런데 그에 시날왕 아므라벨과 엘라살왕 아리옥과 엘람왕 그
돌라오멜, 고임왕 디달이 소돔왕 베라와 고모라왕 비르사, 아드마
왕 시납, 스보임왕 세메벨, 벨라(소알)왕과 싸우면서 염해에 모여
싸우다가 소돔왕과 고모라왕이 역청 구덩이에 빠져 패함으로써 소
돔성에 거주하던 롯까지 잡혀가게 되었다. 이에 아브람이 가신들
과 함께 가서 롯을 구하고 거기서 얻은 전리품 십분의 일을 살렘
왕 멜기세덱에게 주니 축복을 하였다.

〈창세기 12:17~14:24〉

적선유경(積善有慶)

꽃은 웃어도 소리가 없고
새는 울어도 눈물이 보이지 않는다.

선한 자에게 기쁨이 있고
악한 자에겐 재앙이 있다.

4. 아브라함의 역사

아브라함은 이스라엘의 조상이요 열국의 왕이다.
처음에는 아브람이라 불렀으나
"열국의 아비"라는 이름으로
"아브라함"이라 부르게 되었다.
여러 가지 시험을 겪으면서도
자신과 모든 족속을 복 받게 하였다.

(1) 축복받은 아브람

이에 하나님께서는 아브람에게 복 주실 것을 약속하시고 3년 된 암소와 암염소·수양·산비둘기·집비둘기를 쪼개 올리라고 하고 언약을 맺으셨다. 또한 "네 자손이 이방에서 객이 되어 그들을 섬기겠고, 그들은 400년 동안 네 자손들을 괴롭히리니 그들이 섬기는 나라를 징벌하고 그 후에 네 자손이 큰 재물을 이끌고 나오리라."라는 예언을 하셨다. 해질 무렵 연기 나는 풀무가 보이고 타는 횃불이 쪼갠 고기 사이로 지나갔다.

아브람이 그의 아내 사래의 말을 듣고 여종 하갈과 동침하여 아이를 가졌다. 하갈이 주인을 업신여기니 사래가 학대하였고 하갈은 도망갔다가 회개하고 돌아와 이스마엘을 낳았다.

하나님께서는 아브람 대신 "아브라함"이라는 이름을 주시고 할례할 것을 지시하였다. 그래서 그들 족속들은 태어난 지 8일만에 누구나 양피를 베게 되었다. 그리고 그 아내 이름을 "사라"라 하라고 하여 자식을 주겠다 약속하니 아브라함 나이 100살에 이삭

을 얻었으니 여호와께서 마므레의 상수리 숲 근처에 나타나 약속
한 바대로였다.

〈창세기 15장~18장〉

천봉만학(千鳳萬鶴)

수증기가 하늘로 올라가 구름비가 되더니
바람 따라 안개·비·이슬로 변해가는구나.

백로는 천 점의 눈이요
꾀꼬리는 한 조각 금싸라기다.

(2) 소돔성 사람들

하나님의 사자 세 사람이 소돔과 고모라 사람들이 악을 행하
는 것을 보고 그만 심판하고자 하였다. 아브라함이 심판의 재고
를 부탁했으나 듣지 않자 의인을 구해 달라고 하였다. 그리하여
롯의 영접을 받고 그를 해치려 하는 사람들을 장님이 되게 한 뒤
롯의 가족들에게 "뒤도 돌아보지 말고 도망치라." 하였다. 그러나
롯의 부인이 뒤를 돌아보았으므로 소금기둥이 되고 말았다.

두 딸과 아버지가 함께 나와 생명을 구했으나 딸들에게 신랑
감이 없으므로 딸들이 아버지에게 술을 드려 관계하여 아들을 낳
으니 큰딸 아들은 모압족의 시조가 되고 작은딸 아들은 벤암미로
암몬족의 조상이 되었다.

〈창세기 19장〉

창세기   **37**

소금은 짜다 (鹽在鹹味)

싸락눈은 싸락싸락
번개는 번쩍번쩍

진인을 몰라보는 사람들은
유황불에 지져진다.

(3) 아브라함과 아비멜렉

아브라함이 남방으로 이사하여 가데스와 술 사이 그랄에 가서
도 바로왕에게서와 같이 사라를 자기누이라 속였으므로 그랄왕
아비멜렉이 사라를 취하였으나 그날 밤 하나님께서 현몽하여 양
과 소·노비·아내를 돌려보내고 "그대 좋을 대로 내 땅을 취해
서 살라." 하고, 은 천개를 아브라함께 주어 수치를 풀게 하였다.
〈창세기 20장〉

창틈의 빛 (窓隙之光)

캄캄한 방에도
빛은 든다.

욕망의 해협에서도
대인은 정절을 지킨다.

아브라함은 그 나이 100세에 이삭을 낳으니 하갈의 아들이 희
롱하는지라 아브라함이 떡과 물 한 가죽부대를 주어 내어 쫓았

다. 하갈이 브엘세바 들에서 방황하며 대성통곡하니 하나님의 사자가 내려와 샘물을 길러 먹게 하여 장차 커서 애굽땅에서 제일 가는 사수가 되었다.

그때 아비멜렉에게 암양새끼 일곱 마리로 우물을 사 싸움 없이 권속들을 먹여 살렸다.

그때 하나님이 아브라함을 시험코자 그의 독생자 이삭을 바치라 하니 아브라함이 아침 일찍 안장을 채우고 두 사환과 번제에 쓸 나무를 가지고 모리아 땅으로 가 이삭에게 나무를 지고 산으로 올라가니 이삭이 물었다.

"불과 나무는 있는데 번제할 양은 보이지 않습니다."

"어린 양을 하나님께서 따로 준비하시리라."

하고 산에 이르러 아들을 결박하고 칼을 들고 아이를 잡으려 하니 하늘에서 부르는 소리가 나는지라 쳐다보니 숲속에 양 한 마리가 있어 그를 대신하여 번제를 지내 하늘로 하여금 그 마음을 이해하고 "네 아들로 하여금 큰 복을 주어 바닷가의 모래와 같이 번성하게 하리라." 약속 받았다.

이때 아브라함의 동생 나홀이 아들을 낳으니 우스와 부스·그므엘·게셋·하소·빌다스·아들랍·브두엘 여덟 사람인데 이들은 다 밀가의 소생이고, 브두엘은 리브가를 낳았고 나홀의 첩 르우마도 데바와 가함·다하스·마아가를 낳았다. 사라가 127세에 죽으니 헷족속(에브론)에게 4백 세겔을 주고 막벨라 굴을 사서 장사지냈다.

〈창세기 21장~23장〉

서자와 적자(庶子嫡子)

곧은 마음이 하늘을 치솟으니
감동한 복이 세상에 비 내린다.

아름다워라. 아내를 사랑하는 마음이여,
그의 정성이 헷족속의 막벨라 굴이 생겼네.

(4) 막벨라 장지

  아브라함이 나이 늙어 늙은 종을 시켜 본 고향에 가서 여자를
구해 오게 하여 이삭을 결혼시키니 밀가의 아들 브두엘의 소생
리브가였다.
  아브라함이 후처 그두라를 취하여 시므란과 욕산·므단·미디
안·이스박·수아를 낳고, 욕산은 스바·드단을 낳아 드단이 앗
수르족과 르두시족 르움미족의 조상이 되고, 미디안의 아들은 에
바·에벨과 하녹, 아비다와 엘다아를 낳았다.
  아브라함은 이삭과 그의 권속들에게 골고루 재물을 나누어주
고 175세에 죽으니 막벨라 굴에 장사지냈다.

〈창세기 24장~25:11〉

낙화유수(落花流水)

만 조각 낙화는
물을 따라 흘러가고
긴 피리 한 소리는
구름 속에 피어나네.

(5) 이스마엘의 자손

　사라의 여종 애굽인 하갈이 낳은 이스마엘은 느바욧·게달·앗브엘·밉삼·미스마·두마·맛사·하닷·데마·여둘·나비스·게드마 등이 각기 이름과 같은 마을을 형성 12방백이 되어 하윌라에서부터 앗수르로 통하는 애굽 앞 술까지 살았다. 이스마엘은 137세에 죽었다.

〈창세기 25:12~18〉

　　쥐구멍에도 볕들 날이 있다(鼠穴通光)

　　모두 이들은 아브라함의 피와 살이요
　　가죽이요 수발(鬚髮)이다.

　　어두운 거리에 하나의 촛불이
　　천추만세에 울타리가 되었도다.

(6) 쌍둥이 에서와 야곱

　이삭은 40세에 리브가를 취하여 에서와 야곱 쌍둥이를 낳았는데, 후일 형인 에서는 동생 야곱에게 속아 장자권을 넘겨주었다. 에서는 사냥을 즐겨 고기 좋아하는 아버지를 섬기고, 어머니는 조용히 사는 야곱을 좋아하였다.

　여호와께서 이삭에게 "네 아비 아브라함이 내 말을 순종하고 명령과 계명 율례를 법답게 지켰으므로 너와 네 자손들이 복받을 땅을 주겠다." 하여 그랄에 살았다. 그러나 그의 아내를 그랄 사람들이 탐하므로 죽을까 두려워 누이라 하고 블레셋왕 아비멜렉에게 바쳤더니 그것을 알고 아비멜렉이 다른 사람들께 범하지 못할 것을 경계하고 땅을 주어 농사를 짓게 하였다.

이삭이 부자가 되므로 블레셋 사람들이 시기 질투하여 아버지 아브라함이 판 우물까지 메우자 그달 골짜기로 이사 갔으니 역시 괴롭혀 고민하였는데, 아비멜렉이 그의 친구 아훗삿과 함께 와 불가침조약을 맺으므로 평온해졌다.

〈창세기 25장~26장〉

동업수생(同業受生)

노생이 한단에서 도사(여옹)의 베개를 빌려 베고
한 평생 부귀영화의 꿈을 꾸었다.

산 그림자는 밀어도 나가지 않고
달빛은 쓸어도 쓸리지 않는다.

(7) 에서의 결혼

에서가 40세에 헷족속 브에리의 딸 유딧과 엘론의 딸 바스맛을 아내로 취하니 그들이 이삭과 리브가의 근심거리가 되었다.

이삭이 나이 많아 눈이 어두워 잘 보지 못하게 되었는데, 하루는 에서에게 고기를 먹고 싶다 하니 사냥을 나갔다. 그런데 리브가가 그 말씀을 옆에 듣고 있다가 아들 야곱에게 그 일을 대신하게 하여 축복(재산상속)을 받았다. 이에 에서가 늦게 와 이 사실을 알고 분노하여 동생 야곱을 죽이려 하니 야곱이 야반도주 하

여 아버지 말씀대로 가나안 사람과 결혼하지 않고 외삼촌 라반의
딸과 결혼하였다.

한편 에서는 이스마엘에 가서 본처 외에 이스마엘의 딸 마할
랏과 재혼하였다.

〈창세기 26:34~28:9〉

서양놀부(西洋老夫)

물새는 물에 잠기고
구름은 끊어졌다 다시 이어진다.

달이 옮기니 그림자가 바뀌고
해가 저무니 누대의 흔적이 사라진다.

다음은 야곱이 하나님을 만난 이야기이다.

(8) 부자 된 야곱

야곱은 이삭과 리브가의 아들로 쌍둥이 형 에서의 발뒷꿈치를
잡고 태어나 팥죽 한 그릇으로 장자권을 빼앗고 형이 받을 축복
까지 가로챘다가 형을 피해 도망다니는 신세가 되었다.

벧엘에서 하늘 끝까지 닿는 사닥다리를 보고, 라반의 딸 라헬
을 얻기 위해 7년 동안 라반의 집에서 일하였다. 그러나 결혼식
날 보니 큰딸 레아이므로 다시 라헬을 얻기 위해 7년을 더하여
라반을 섬기게 되었다.

그러나 라헬이 아기를 낳지 못하자 종 빌하를 방에 들게 하여 아기를 낳고 후에 본인도 아기를 낳게 되었다. 레아가 자기의 출산이 멈추자 그의 종 실바를 들여보내 아기를 낳으니 야곱은 두 명의 아내와 두 명의 몸종에게서 열두 아들(르우벤·시므온·레위·유다·잇사갈·스블론·단·납달리·갓·아셀·요셉·베냐민)과 한 명의 딸(디나)을 낳았다. 야곱은 얼룩양을 배양하는 방법으로 부자가 되고 라반을 떠나 가나안으로 가다가 얍복 나루터에서 천사와 씨름하여 "이스라엘(하나님과 겨루어 이긴 자)"이란 이름을 얻었다.

한편 야곱의 딸 디나가 히위 족속 세겜에게 강간당한 일이 생기자 야곱의 아들들은 강력한 보복을 함으로써 고민하다가 벧엘로 올라갔다. 그 후 사랑하는 아내 라헬을 잃고 매우 슬퍼하였으며, 말년을 편안히 지내다가 조상들의 땅에 묻혔다.

〈창세기 28장~34장, 49장〉

기구한 운명이로다(崎嶇運命)

천지는 부모 같고 해와 달은 형제 같으나
하늘의 권한은 세속 질서와는 다르다.
라반의 정직하지 못한 마음을
점박이 염소로써 보상하니 이 세상 공것은 없다.

(9) 에서의 자손들

에서는 야곱의 쌍둥이 형이다. 태어났을 때 살이 붉고 온몸이 털옷 같아서 이름을 에서라 불렀다. 40세에 유딧·오홀리바마를 아내로 취하고 바스맛을 취하였다. 아다는 엘리바스를 에서에게서 낳고, 바스맛은 르우엘을 낳고, 오홀리바마는 여우스와 얄람·고라를 낳았다. 에서는 이들 권속들을 데리고 동생 야곱을 떠나 타처(세일산)로 갔으니 두 사람의 소유가 풍부하여 함께 지낼 수 없었기 때문이다. 그는 장자권을 소홀히 여겨 팥죽 한 그릇에 동생에게 팔아버렸고 축복권도 넘겨 버려 가문의 대표로 인정받지 못했다. 교활한 방법으로 장자권을 빼앗은 동생을 죽이려 했으나 말년에 야곱을 용서하였다. 그리고 그는 에돔족의 조상이 되었다.

〈창세기 25장, 27장, 33장, 36장〉

소면불타(笑面不唾)

웃는 얼굴엔 침을 뱉지 못한다.
피는 물보다 진하다.
형제는 9천겁 인연이니
어떻게 얼굴에 침 뱉을 수 있겠는가.

(10) 에돔에서의 인고(忍苦)

에돔은 "붉다"란 뜻으로 에서의 별명이자 그의 후손들을 가리킨다. 원래 이들은 아카바인과 사해 모압의 세렛, 아바라 등지에서 살았다. 그 지역도 모두 붉은 색 흙과 바위로 이루어져 있었다. 바로 그 자리는 사해와 아라비아, 이집트로 연결되는 무역로였으므로 이를 이용하여 장차 크게 번성하였다.

야곱과 에서의 싸움이 어머니 태중에서부터 시작되어 두 사람의 화해에도 불구하고 그의 자손들은 대대로 불화를 일으켰다.

에돔은 가나안 땅으로 가겠다며 길을 비켜달라는 이스라엘의 요청을 거부하고 여호수아가 가나안 땅에 입성해서는 무력충돌을 크게 일으켜 싸우기까지 했다. 에서의 후손들은 원주민 호리족을 점령, 세일 산에 살았다. 가나안의 헷족과 이스마엘 사람들 세일의 원주민 호리족과 족외혼인을 하기도 하였다.

그러나 다윗 때는 에돔땅에 이스라엘이 수비대를 세우고 그 땅을 다스렸으며, 다윗의 군대 장관 요압은 6개월간 에돔에 살면서 에돔의 남자들을 죽였다. 그 중에서 살아남은 하닷이 후에 솔로몬과 대적하여 이스라엘을 괴롭혔다.

요람왕 때 에돔은 유다에 40년간 저항하였고 아마샤와 웃시야에 의해 정복되었다. 하지만 바벨론의 등장으로 유다뿐 아니라 에돔마저 바벨론의 속국이 되고 말았다.

신약시대 아기 예수를 죽이려 하던 헤롯왕이 에돔 출신인 것을 생각하면 그들의 인연은 은원이 상반된다.

은원이 상반한다(恩怨相返)

뱃속에는 똥오줌
몸속에는 피고름
순잡(純雜)을 서로 다투나
결과는 상처뿐이네.

(11) 요셉의 일생

야곱의 아들 요셉은 가나안에 되돌아오기 전 하란에서 태어났으며, 그의 어머니는 라헬이다. 12명의 형제 중 막내였으므로 유독 야곱의 사랑을 독차지하여 채색옷을 입고 양을 길러 형들에게 미움을 받게 되었다. 그런데다가 형들의 죄를 말하고 장래에 높은 지위를 얻는 꿈(곡식단이 둘러서서 예배를 받음)이야기를 하여 더욱 미움을 사 은 20세겔에 미디안 상인들에게 팔려갔다.

애굽으로 간 요셉은 보디발의 집에 팔려 갔고 거기서 신임을 얻어 가정 총무가 되었으나 요셉을 유혹하려던 보디발의 부인의 누명을 쓰고 죄수가 되어 감옥에 갇혀 전옥이 되었다. 그런데 거기서 바로의 술 맡은 관원장과 떡 굽는 관원장의 꿈(포도나무 세 가지에 싹이 트고 꽃이 피어 익은 포도송이로 짠 술을 바로에게 올린 꿈과 흰떡 세 광주리를 머리에 이고 있으니 새들이 모두 다 먹어버린 꿈)을 해석하여 장차 왕궁으로 불려가 애굽의 술객들이 풀지 못한 꿈(하숫가에서 살찐 소 일곱 마리가 갈밭을 뜯더니 바짝 마른 소들이 나타나 먼저 살찐 소들을 다 잡아먹는 꿈)을 해석하여 '사브낫바네아'라는 이름을 받고 애굽의 총리가 되었다.

〈창세기 37장~45장〉

하이일체(遐邇壹體)

멀고 가까운 것이
일체로다.
많은 사람들이 몰려와서
귀인처럼 받드는구나.

그리고 제사장 보디베라의 딸 아스낫과 결혼 장자 므낫세와 차자 에브라임을 얻었다. 과연 그의 꿈 해석처럼 7년 풍년 후에 7년 흉년이 들었을 때 형들이 가나안에서 곡식을 사러 오자 그들을 용서하고 가나안의 가족들을 애굽의 고센 땅으로 이주시켜 살렸다. 탁월한 정책으로 애굽의 대소국왕들을 빛나게 한 공덕으로 누구에게도 보복을 받지 않고 110세까지 살고 장차 이스라엘 백성들이 애굽을 벗어날 때 자기의 유골까지 가지고 가 달라고 부탁하여 가나안 세겜 땅에 묻혔다.

〈창세기 46장~50장〉

운등치우(雲騰致雨)

흰 구름이 높이 솟으면
언젠가 비가 되어 만물을 축여준다.

수행이 꽉 차 공덕이 이루어지면
모든 번뇌 끊고 세상을 복되게 한다.

출애굽기

애굽에서 430년간
노예생활을 하던 히브리 민족(이스라엘)이
모세를 통해 선민의 규정을 만들고
윤리적인 생활로 세상을 복되게 하니
천하에 적이 없었다.

Ⅰ. 압제받는 이스라엘

야곱이 르우벤과 시므온·레위·유다·잇사갈·스블론·베냐민·단·납달리·갓·아셀을 데리고 애굽에 가니 먼저 와 있던 요셉까지 합해서 70인이나 되었다.

요셉과 그 형제들은 다 죽었지만 이스라엘 자손들이 번식하고 창성하다 보니 애굽왕 바로가 감독을 세워 그들에게 무거운 짐을 지어 국고성 비돔과 라암셋을 짓게 하여 괴롭게 하였다. 그러나 학대를 받을수록 더욱 창성하니 산파 십브라와 부아를 시켜 남자를 낳으면 죽이고 여자만 살리라고 하였다.

그런데 레위족속 가운데 한 사람이 레위에 장가들어 아들을 낳
자 석 달 동안 숨겼다가 갈 상자에 넣어 물에 띄웠더니 바로의
딸이 목욕 갔다가 보고 데려다가 히브리 여인을 유모로 불러 젖
을 먹여 길렀다. 장차 자라매 그 이름을 모세라 하고 아들을 삼
았다.

모세가 자라 자신의 형제들이 고역하면서 매맞는 것을 보고
분하여 애굽사람을 쳐 죽여 모래 속에 숨겼다. 이 일이 탄로되어
바로가 모세를 죽이려 하자 미디안땅으로 피신하여 갔다가 일곱
딸을 가진 사람의 딸들에게 양이 먹을 물을 줌으로써 환심을 사
그의 딸 십보라와 결혼, 아들 게르솜을 낳았다.

급기야 애굽왕은 죽었으나 이스라엘 자손들이 고역에 시달려
탄식하는지라 그 부르짖는 소리가 하나님께 전달되자 하나님께서
아브라함과 이삭·야곱에게 세운 언약을 기억하고 이스라엘 백성
들을 생각하였다.

〈출애굽기 1장~2장〉

화피초목(花被草木)

산천초목도
덕 있는 사람의 감화를 받는다.

그런데 어찌 어진 임금님의 은택이
만방에 미치지 않겠는가.

이에 모세가 장인의 양을 몰고 호렙산에 이르러 하나님의 빛
을 보고 가까이 가니 "내가 너희 족속을 구원하여 젖이 흐르는

가나안 땅으로 인도하리라." 하고, "나는 스스로 있는 자니 네가 장로들과 함께 바로에게 가서 저 광야의 3일 길을 갈 수 있도록 허락받으라." 하였다.

이에 모세는 장인 이드로의 승낙을 받고 애굽으로 돌아가 십보라를 만나 할례하고 아론과 입 맞춘 뒤 형 아론을 앞세우고 가 하나님의 말씀을 전했으나 듣지 아니하므로 지팡이로 뱀이 되게 하고 나일강물을 쳐 피가 되게 하여도 듣지 않다가 개구리의 소동과 이·파리 떼가 몰려오고 백성들과 가축이 병들어 죽고 우박이 떨어지고 메뚜기 소동이 난 뒤 온 땅이 새까맣게 되자 바로의 장자가 죽는 등 장자 재앙을 겪도록 하였다.

〈출애굽기 7장~11장〉

신통자재(神通自在)

초생달은 장군의 활과 같고
떨어지는 별은 장사의 화살과 같다.

땅을 쓰니 황금이 나오고
문을 여니 만복이 온다.

2. 모세의 신통

여호와께서는 열 번째 재앙인 장자 재앙에 앞서 모세와 아론에게 유월절 규례를 말씀하셨다. "내가 애굽의 처음 난 것을 칠 것이나 이스라엘 백성의 문설주와 인방에 바른 어린 양의 피를 볼 때에 너희를 넘어가리니 재앙이 너희를 멸하지 아니하리라. 사람이나 짐승이나 초태생은 모두가 하나님의 것이니라.” 하여 이것이 이스라엘 백성들의 규례가 되었다.

　여호와께서 낮에는 구름기둥, 밤에는 불기둥으로 길을 인도하시니 마침내 홍해가 갈라져 이스라엘 백성들은 모두 건너고 바로의 군대는 모두 물속에 장사지냈다.

　“여호와는 나의 힘, 노래며 구원이시로다.
　그러므로 내가 찬송하고 높임이로다.”

　여호와께서는 모세를 통해 마라에서 쓴물을 단물로 만들어 먹이고, 애굽에서 나온 후 제2월 15일 이후 만나와 메추라기를 먹이고, 안식일을 지키게 하였으며, 호렙산 반석에서 생수가 터지게 하였다.

〈출애굽기 12장~17장〉

허공 속에 빛이 있다(虛空藏光)

하늘은 높아 올라가 잡을 수 없고
백성들은 낮게 있어 땅위의 것만 본다.

새는 꽃 속의 나비를 쫓고
닭은 풀 속의 벌레를 다툰다.

3. 아말렉과의 전쟁

아말렉이 오니 모세가 지팡이를 들고 산봉우리에 올라가 지휘, 아말렉을 쳐부수니 모세의 장인 미디안 제사장 이드로가 와 그의 딸과 외손자(게르솜·엘리에셀)를 데리고 와 축복하고 백성 가운데 재덕이 겸전한 이들을 골라 천부장 백부장을 삼아 재판장으로 내세우니 그들이 제도를 따라 백성들을 재판하였다.

〈출애굽기 17장~18장〉

사위가 딸보다 예쁘다(婿郎騰女)

산 속에 동굴이 있고
제방 위에 항만이 있다.

새소리에 뱀이 나무에 오른 것을 알고
개소리에 길손이 문 앞에 이른 것을 안다.

4. 십계명

하나님께서는 이스라엘 자손이 시내산에 이르자 그들로 하여금 성결하게 하며 옷을 빨고 준비하게 하고 10계명을 주셨다.
　"나는 너를 애급 땅 종 되었던 집에서 인도하였던 너의 하나님 여호와다. 나 이외에 다른 신들을 네게 있게 하지 말고 너를 위하여 새긴 우상을 만들지 말며, 그들에게 절하지 말고, 섬기지 말라. 나는 질투하는 신이니 나를 미워하는 자에겐 죄를 갚되 아비로부터 아들에게 이르기까지 삼대까지 하리라. 반대로 나를 사랑하고 내 계명을 지키는 자에게는 천대까지 은혜를 베풀리라. 나의 이름을 망령되게 일컫지 말라. 안식일을 기억하고 지키라. 네 부모를 공경하라. 살인하지 말고 간음하지 말고 도적질하지 말고 네 이웃에 대하여 거짓 증거하지 말고 탐내지 말라."

〈출애굽기 19장~20장〉

천명율의(天命律儀)

우레 소리는 하늘의 경고이고
번갯불은 하늘의 빛이다.

옷을 빨아 몸을 깨끗하게 하였으나
나팔소리에 두려워하지 않는 자가 없었다.

5. 여러 가지 율법

"종은 6년 동안 섬기되 7년 만에 자유인이 될 것이며, 단신으로 왔으면 단신으로 나가고 장가들었으면 아내와 함께 나가되 상전이 그 아내를 주었으면 그 아내와 자식들은 상전에 속하였다.
종이 처자를 사랑하여 나가기를 싫어하면 재판장에게 가 귀를 뚫고 평생을 살아야 한다.
딸을 여종으로 판 자는 남종같이 나오지 못하고 만약 상전이 달리 장가들지라도 그의 의복과 음식과 동침을 끊지 못한다.

살인자는 죽이고 과실치사상한 자는 손해 배상하라.

눈은 눈으로, 이는 이로, 손은 손으로, 발은 발로, 데운 것은 데운 것으로, 상한 것은 상한 것으로, 때린 것은 때림으로 하고

손해배상은 소 한 마리에 다섯 마리, 양 한 마리에 양 넷으로 갚으라.

무당을 죽이고 짐승과 행음하는 자도 죽이라. 다른 신에게 제사하는 자도 죽이라.

과부와 고아를 해롭게 하지 말고 뇌물을 받지 말고 이방인들을 압제하지 말라.

절기(무교절·맥추절·수장절)를 지키라."

〈출애굽기 21장~23장〉

사대오상(四大五常)

이 몸은 모발이 덮고 있으니
어찌 4대 5상을 여의랴!

하늘·땅·군왕·어버이
인·의·예·지·신이 그것이다.

"홍해로부터 블레셋 바다까지 광야로부터 하수까지 너희의 지경으로 정해줄 것이니 그 땅의 거민(아모리·헷·브리스·가나안·히위·여부스)들은 네가 그들을 네 앞에서 쫓아내라."

모세가 시내산에 올라가 40일 동안 머무는 동안 이스라엘 자손들로 하여금 구름 속에서 하나님의 영광을 보게 하였다. 그리

고 모세에게 성소를 지을 예물·증거궤·상·등대 등을 준비하고
성막·제단·등불 관리·제사장의 의복·흉패·제사장 직분 위임
·제사에 관한 여러 가지 규례 등을 설명하였다.

  그러나 아론의 권속들이 우상을 숭배하여 모세는 증거판을 깨
뜨렸고 백성 중 3천명이 그 자리에서 희생되었다. 모세가 다시
기도하여 새 증거판을 받고 언약대로 모든 것을 시행하니 마침내
이스라엘 백성들이 하나님께 약속한 땅에 이르러 가나안·아모리
·헷·브리스·히위·여부스 사람들을 쫓아내고 자리를 잡게 되
었다.

〈출애굽기 23장~40장〉

큰 길속에 작은 길이 있다(大路中小)

눈은 눈, 이는 이
바다는 넓고 파도는 높다.

생명의 율법은 티끌만큼도 어김이 없나니
여호와의 영광이 구름 속에 가득하였다.

레위기

신정국가 이스라엘이
그 백성들을 거느리고
시내산에 거주하면서
하나님의 백성으로서
지켜야 될 도리를 익혔다.

1. 번제와 소제

번제는 흠 없는 수컷을 안수하여 잡고 그 피를 회막 문앞에 뿌리고 가죽을 벗기고 각을 떠 나무 위에 놓고 불살라 제를 지낸다.

소제는 고운 가루로 예물을 삼아 그 위에 기름을 붓고 유향을 놓아 제사장들에게 가져다주라.

〈레위기 1장~2장〉

감사 속에 은혜가 나타난다(感謝恩惠)

곡식으로 소제를 지내면서
희생물로 번제를 지낸다.

연기 속에 하늘의 감동이 나타내면
불로 헌신, 죄를 사했다.

2. 화목제 · 속죄제 · 속건제

화목제 때는 흠 없는 양과 소를 안수하고 회막 문에서 잡아 기름을 태워 드리고, 속죄제 때는 금령을 범한 자가 수송아지를 잡아 그 피를 손가락 끝에 묻혀 일곱 번 성소에 뿌리라. 회중의 속죄나 족장, 평민의 속죄도 마찬가지다. 속건제는 부지(不知)나 소홀함으로 인한 태만의 죄, 주로 재물에 대한 죄의 보상수단으로 드리는 제사이다.

〈레위기 3~7〉

초는 제 몸을 태워 세상을 밝힌다(燒燭燈台)

화목제는
세상의 안녕을 빌고

속죄제는
개인과 단체의 죄를 사한 것이다.

3. 제사장 위임식과 먹을 수 있는 물건들

여호와께서 모세에게 "아론과 그 아들들, 그 의복과 관유, 속죄에 쓸 숫송아지와 무교병을 가지고 회막문으로 오라 하라." 하여 데려다가 그들의 몸을 씻기고 옷을 입히고 관을 씌워 7주야를 지내 첫 제사장 위임식을 끝냈다.

아론의 첫제사 때 아론의 아들 나답과 아비후가 각기 향로를 가져다가 여호와께서 명하시지 않은 다른 불을 담아 분향하니 갑자기 불이 일어나 타서 죽었다. 그리고 아론의 삼촌 웃시엘의 아들 미사엘과 엘사반을 불러 진 밖으로 나가 머리를 풀고 옷을 찢고 죽음을 면하게 하고 다시는 제사 때 회막 안에서 포도주와 독주를 마시지 못하게 하고 남은 음식들을 아론의 남은 아들이 엘르아살과 이다말에게 주어 먹게 하였다.

〈레위기 8장~9장〉

공유국양(恭惟鞠養)

나를 낳아 길러주신
은혜를 생각한다면

어떻게 술을 마시고
제사를 지낼 수 있겠는가.

그리고 모든 짐승 가운데 굽이 갈라져 있는 것과 새김질 하는 것을 먹고 굽이 없고 새김질 하지 않는 것은 먹지 말라고 했으며, 물고기 가운데에서는 비늘·지느러미가 있는 것은 먹고 없는 것은 먹지 말라 하였다. 또 독수리나 솔개, 물수리와 매 · 까마귀 · 타조 · 다호마스 갈매기 · 새매 올빼미 · 노자 · 부엉이 · 따오기 · 당아 · 울응 · 학과 황새 · 대승 · 박쥐는 먹지 말고, 곤충 중에서도 메뚜기 · 베짱이 · 귀뚜라미 · 팥종이는 먹되 날개 달리고 기어다니는 것들은 가증한 것이니 먹지 말라 하였다. 쥐와 도마뱀 · 족제비 · 합개 · 악어 · 수궁 · 사막 도마뱀 · 칠면석척도 부정한 것이라 하였다.

〈레위기 11장〉

이해물품(利害物品)

음식에도 궁합이 있듯이
만물에는 이로운 것과 해로운 것이 있다.

이로운 것을 보면 건강하고
해로운 것을 먹으면 병이 생긴다.

4. 산모와 환자들에 대한 규례

남자아이를 낳으면 7일 동안 부정을 피해 제8일에 할례하고, 산모는 33일 동안 금기하고, 여자아이를 낳은 산모는 66일만에 부정에서 벗어난다.

문둥병 환자는 제사장이 진찰하여 확정짓고 처리하며, 남녀부정과 전민족의 죄를 벗는 것도 아론의 두 아들처럼 되어서는 안되니 목욕하고 세마포를 입고 제물을 마련 법답게 속죄를 올려

죄를 모아 고한 뒤 무진지경에 놓아 주라. 그리하면 염소가 너희들의 모든 불의를 지고 갈 것이다. 육체의 생명은 피에 있으므로 피는 먹지 말라. 골육지친은 성적으로 가까이 하지 말고 더군다나 짐승과의 관계는 용납하지 않는다. 부모를 경외하고 안식일을 지키고 기타 계명을 지키면 너희 백성들이 거룩하게 되리라.

특히 몰렉(사람 몸에 황소머리와 두 팔을 가지고 있는 인신공양을 받은 우상)을 섬기는 자는 누구고 죽이고, 부모를 저주하고 부모의 권속을 간음하는 자도 모두 돌로 쳐 죽이라.

〈레위기 12장~21장〉

부정한 것은 몸을 피하라(不淨避身)

솔잎은 뾰족뾰족
연잎은 둥글둥글

조수는 들었다 빠지고
호수는 가라앉았다 맑아진다.

5. 안식과 절기

일곱째 날은 안식일이고
정월 14일 저녁은 유월절이며
15일은 무교절이니
칠일 동안 무교병을 먹으며 노동하지 않는다.

추수 때는 첫 이삭을 제사장에게 가져가고
제사장은 그것을 여호와 앞에 열납되도록,
안식일 이튿날에 흔들며
흠 없는 수양으로 번제하라.
기름 섞은 고운 가루 10분의 이 에바를 화제로 올리고
전제는 포도주 4분의 일 힌을 쓰라.

안식일로부터 50일을 계산하여 여호와께 소제를 올리고
떡과 함께 일년 된 흠 없는 양 일곱 마리와
젊은 숫소 하나와 수양들을 드리라.
또 수염소 하나로 속죄제를 드리고
1년 된 어린 수양들은 화목제 희생으로 드려라.

밭모퉁이의 곡식은
가난한 자와 객을 위해 베지 말고 줍지도 말라.
7월 1일은 안식일로 나팔을 불어 기념하고
10일은 속죄일이다.
또 7월 15일은 초막절이니
아무 일도 하지 말고 7일 동안 화제를 드려라.
이외에도 성전의 등불(감람유를 회막 안 증거궤 휘장 밖에서
켜는 것), 안식년(땅을 6년 동안 경작하고 1년간 쉬는 제도), 희년
(안식년을 일곱 번 보낸 다음해, 즉 50년 되는 해)에 관한 법을
지키고 십일조를 바치라 하였다.

〈레위기 23~27〉

십시일반(十匙一飯)

못에는 마름잎이 무성하고
진흙 속엔 연꽃이 피어난다.

달이 오동나무에 뜨니
바람은 버드나무 가지를 흔든다.

민수기

민수기는 모세 5경의 하나로
출애굽이 끝난 곳에서부터
레위기 사이에 기록된 문서,

여행에 갖추어야 할 여러 가지 규칙과
제사장들과 레위인들의 기능
가나안 정복과 정착을 위한
이스라엘 사람들의 마음가짐을 기록한 책이다.

시내 광야에서
인구조사를 통해
지도자를 선택하고
부정방지를 위한 법규를 만들고
제단 봉헌·성결 봉사법
제2차 유월절 및 나팔신호에 대한
이야기가 나온다.

I. 인구조사

이스라엘 자손들이 애굽 땅에서 나온 후 2년 2월1일에 여호와 하나님께서 모세를 시켜 인구조사를 실시하였는데, 순종치 아니한 백성들은 이미 광야에서 죽임을 당했는데도 20세 이상의 남자가 60만 3550명이었고, 처음 인구조사 당시 20세 이하이거나 아직 태어나지 아니한 자들도 약속의 땅에 들어간 사람이 60만 1730명이나 되었다. 단 레위인들은 숫자에 넣지 않고 증거막과 부속품을 관리하도록 하였다.

〈민수기 1장~2장〉

장병일치(將兵一致)

풀속에서 풀이 나고
나무 속에서 나무가 나니

가지와 잎에서는
만 가지 꽃이 핀다.

유다에게서는 암미나답의 아들 나손,
잇사갈에서는 수알의 아들 느다넬,
스불론에서는 헬론의 아들 엘리압,
르우벤에게서는 스데울의 아들 엘리술,
시므온에서는 수리삿대의 아들 슬루미엘,
갓에서는 르우엘의 아들 엘리야삽,
에브라임에게서는 암미훗의 아들 엘리사마,

므낫세에게서는 브다술의 아들 가말리엘,
베냐민에서는 기드오니의 아들 아비단,
단에게서는 암미삿대의 아들 아히에셀,
아셀에게서는 오그란의 아들 바기엘,
납달리에게서는 에난의 아들 아히라가 뽑혀
각 지파의 족장이 되니 그들이 곧 행군 순서의 참모들이었다.
모세의 아들들과 아론의 자식들은 모두 제사장이 되었다.

〈민수기 2장〉

참모정치(參謀政治)

졸병(卒兵) 가운데
마상(馬象)이요

차포(車包) 가운데
장수(將首)로다.

2. 하나님께 바쳐진 사람들

남자나 여자가 특별한 서원(나실인의 서원)을 하고 자기 몸을 구별하여 여호와께 드리거든 포도주와 독주를 멀리하며 그 서원을 하고 구별하는 모든 날 동안은 삭도를 그 머리에 대지 말 것이라 자기 몸을 구별하여 여호와께 드리는 날이 차기까지 그는 거룩한즉 그 머리털을 길게 자라게 할 것이라고 하였다.

그리고 아론에게 축수하는 방법을 "여호와는 네게 복을 주시고 은혜를 베푸시며 평강을 주시기 원하노라" 하라 가르쳤다.

〈민수기 6장〉

신부·수녀의 발단(神父修女)

앞산이 첩첩하니
뒷산도 중중하다.

아득한 물은 하늘까지 푸르고
서리 맞은 단풍은 해처럼 붉다.

3. 이스라엘 자손의 진행

애굽 땅에서 나온 다음 해 첫째달(제2년 1월 14일)에 광야에서 두 번째 유월절을 지내고, 하나님께서는 구름으로 길을 안내하였다. 또한 나팔소리에 따라서 움직이도록 명령하셨다.

제2년 2월 20일 구름이 증거막에서 떠오르자 시내 광야에 머물렀던 이스라엘 백성들이 출발하였다.

이스라엘 백성들은 만나를 구해 연명하면서 여호와를 원망하고 모세를 불평하였다. 갑자기 바람이 불어 메추라기들이 수없이 몰려오는지라 그것을 잡아먹게 되었다.

모세가 구스 여인을 취한 것을 두고 미리암과 아론이 시비하니 문둥병이 들어 참회하였으나 효과가 없었다. 군대들이 바란광야 가데스에 이르러 정탐꾼을 보내니 12정탐꾼들은 2가지의 상반된 보고를 하였다. 가나안땅의 거민이 강하고 이스라엘 백성들이

약하다고 보고를 들은 백성들은 하나님을 멸시하고 모세와 아론을 원망하였으며, 하나님께서 함께하실 것이라는 여호수아와 갈렙을 돌로 치려 하였다.

이에 하나님께서는 이스라엘을 징계하시려 하자 모세가 백성들을 위해 기도하여 하나님의 용서를 구하였다. 다만 이 일로 인해 반대한 모든 백성들은 가나안에 들어가지 못하게 되었다.

〈민수기 9장~14장〉

율여조양(律呂調陽)

율은 양에서 나고
여는 음에서 나니
예쁘고 밉고 사랑하고 싫어하는 것이
그 속에 들어있었다.

해맑은 하늘에서 흰 구름이 생겨나듯
싸늘한 허공에서 이슬이 맺혔다.

4. 염병의 발생

레위의 증손 고핫의 손자 이스할의 아들 고라와 르우벤 자손 엘리압의 아들 다단과 아비람, 벨렛의 아들 온이 당을 짓고 반기를 드니 여호와께서 땅이 그 입을 열게 하여 고라에게 속한 자들과 그들의 재산을 매장하였고 주위에서는 염병이 발생하여 많은 사람들이 상하였다. 그때 아론이 향로를 들고 참회하여 염병이 그치게 되었다. 그리고 하나님께서는 아론의 지팡이에 싹이 나게 하여 이스라엘 자손이 더 이상 원망을 하지 않도록 증거를 보여 주셨다.

레위인들이 장막의 모든 직무를 담당하여 성소를 지키고 십일조를 받게 되었다.

〈민수기 16장~18장〉

주인과 객이 분명하다(賓主歷然)

어젯밤 비에 꽃이 피더니
오늘 아침 바람에 꽃이 떨어진다.
높은 산도 소나무 아래 있고
깊은 강도 모래 위에 있구나.

5. 모세의 능력

이스라엘 자손들이 신광야에 이르러 미리암을 장사지냈는데, 물이 없어 모세와 아론을 공박하자 지팡이로 반석을 쳐 물이 솟아나게 하였다. 한편 에돔왕은 이스라엘 자손이 지나갈 수 있는 길을 열어주지 않았다.

아론은 므리바에서 여호와의 말을 거역한 까닭에 호르산에서 죽고 그의 옷은 그의 아들 엘르아살에게 입혀지니 온 회중이 30일 동안 아론을 애곡하였다.

〈민수기 20장〉

의심이 병이다(疑心是病)

지팡이 끝에서 싹이 나고 뱀이 기어다니고
피·개구리·이를 만들어 내는 재주가 있어도

하늘을 속이고 백성을 괴롭게 한 사람은
결국 백성을 죽이고 자기도 죽게 된다.

대제사장 모세의 형 아론이 금송아지를 만들고
3천명의 백성이 다 죽은 것은 이를 증명한다.

6. 역경의 고난 생활

이때 남방 가나안 사람 아랏왕이 이스라엘 사람들을 상해하였
으므로 이스라엘이 그 성읍을 다 멸하였다. 에돔땅에 이른 백성
들이 여호와를 원망하자 갑자기 불뱀들이 나타나 물어 죽였다.
이에 모세가 기도하여 놋뱀을 만들어 장대에 달고 이를 바라보는
이들을 구원하였다.

모압을 지나 이예아바림에 진 쳤고, 더 나아가 세렛 골짜기에
진 쳤으며, 아르논 건너편에 진 쳤다가 브엘에 이르렀다.

다시 나할리엘, 바못을 거쳐 비스가 산 꼭대기에 이르러 아모
리왕 시혼에게 길을 열어 달라 하였으나 듣지 아니하므로 이스라
엘이 쳐 점령하였다. 이에 바산왕 옥을 물리치고 모압 평지에 도
착하였다. 이스라엘을 두려워하는 모압왕 발락이 예언자 발람을
통하여 이스라엘을 저주하려 하였으나 발람은 오히려 이스라엘을

축복하게 되었다.

〈민수기 21장~24장〉

믿음은 도의 근원(信爲道源)

양식을 비처럼 내리고
심판의 불은 세상을 꾸짖었다.
이스라엘의 통치는 계시로 하고
축복은 성령 속에 이루어졌다.

7. 두 번째의 인구조사

그런데 싯딤에 머물러 있던 사람들이 모압 여인들과 음행하자 온 천하에 염병이 퍼져 며칠 사이에 2만 4천명이 죽었다. 이에 엘르아살의 아들 비느하스가 이스라엘 남자를 따라가는 여인을 보고 단창으로 두 사람의 등과 배를 뚫으니 염병이 그쳤다.

한편 여호와께서 모세에게 이르기를 비느하스와 그의 후손에게 영원한 제사장 직분을 언약하고, 다시 인구조사를 실시하여 전쟁에 나아갈 만한 모든 자를 계수하라고 하셨다.

그래서 레위인을 제외하고, 20세 이상된 이스라엘 자손을 계수한 결과 601730명이었다.

그리고 여호와께서는 조사한 인원수대로 땅을 나눠 주어 기업을 삼게 하라 하신 즉 제비를 뽑아 그들에게 알맞은 기업을 나누어 주었다.

모세는 여호와의 명령을 따라 여호수아를 데려다가 제사장 엘르아살과 온 회중 앞에 세워 후계자로 삼았다. 그리고 여호와께서는 날마다 드리는 번제물과 안식일·월삭·유월절·칠칠절·나팔절·속죄일·장막절에 드리는 제물을 설명하였다.

〈민수기 25장~30장〉

장군일침에 천하가 태평해졌다(將軍一針)

호랑이는 그려도
뼈는 그리기 어렵고
사람은 알아도
속은 알 수 없다.

8. 여호와의 복수

여호와께서 "이스라엘의 원수를 미디안에게 갚으라." 하여 이스라엘의 각 지파에서 천 명씩을 택하여 미디안의 모든 남자를 다 죽이고 에위와 레겜·수르·후르·레바와 브올의 아들 발람까지 모두 칼로 죽였다. 그리고 그 성읍을 모두 불사르고 부녀·아이·재물을 노략하였다. 그 전리품들을 제사장과 족장들과 더불어 계수하고 그 절반은 전쟁에 나갔던 군인들에게 주고 절반은 회중에게 주었다.

그리고 요단의 동편 땅, 가나안 땅을 분배하고, 레위인을 위해 성읍을 주었다. 한편 부지중에 살인한 자들을 위한 도피성을 만들게 하였다.

〈민수기 31장~36장〉

골이 깊으니 바람이 급하다(深谷急風)

용은 구름타고 하늘로 올라가는데
호랑이는 바람 따라 암혈 속에서 운다.

신명기

구약 제 다섯 번째 책으로
모세 5경의 마지막 책이다.

율법이 처음 시내산에서 전해지고
모압 평야에서 주어졌다.

신앙과 불신앙, 우상과 순종
사랑과 교육, 기적과 은혜

축복과 저주, 예배와 헌물
죄와 벌, 정·부정, 노예와 왕들

전쟁과 살인, 결혼과 간음, 이혼과 헌금 등
다양한 내용이 요약되어 나온다.

Ⅰ. 모세의 설교

　모세는 요단 건너편 숩 맞은편 아라바광야 즉 바란과 도벨·라반·하세롯·디사합에서 이스라엘 사람들에게 말했다. 호렙산에서 세일산을 지나 가데스 바네아에까지 열하룻길이다. 출애굽 40년 11월 첫째날 여호와께서 그에게 명령하신 것을 고하였다. 때는 헤스본의 아모리 왕 시혼과 에드레이에서 아스다롯에 거하는 바산 왕 옥을 쳐 죽인 후였다.

　호렙산에 계실 때 여호와께서 말했다.

　"너희가 이 산에 거한 지 오래니 방향을 돌려 아모리족의 산지로 가고 아라바와 산지와 평지, 네겝과 해변과 가나안족의 땅과 레바논과 큰 강 유브라데까지 가라. 너희 열조 아브라함과 이삭, 야곱에게 주기로 약속한 땅이니 그 땅을 차지할지니라."

〈신명기 1:1~8〉

눈앞이 천리로다(眼前千里)

호랑이 걸음처럼
용처럼 날았으나
물도 묻지 않고
바람도 스미지 않았다.

2. 천부장·백부장 등

모세는 이스라엘 백성들에게 함께 짐을 나눌 수령을 세웠다.
"나는 홀로 너희 짐을 질 수 없으니 각 지파에서 천부장·백부장 등을 내어 송사를 담당하라. 외모·귀천에 관계없이 쌍방간에 공정히 판결하며 낯을 두려워 말고 타국인에게까지도 평등하게 하라."

<신명기 1:9~18>

진리를 따르면 흥하고 거역하면 망한다(順興逆敗)

모기가 바닷물을 맛보고
천하가 곧 한 맛임을 알았다.
믿으면 통하고
불신하면 막힌다.

3. 순종의 삶

이스라엘 백성들은 호렙산에서 10계명을 두 돌판에 친히 써 준 것을 지키지 않고 만들지 말라는 형상을 만들어 하나님을 노하게 하였다.
하나님의 근본은 사랑에 있다. 순종하지 아니한 자가 있으므로 선별하여 결혼을 금지하고 이스라엘을 성민(聖民)으로 선택, 순종의 삶을 하시게 한 것이다.

그러나 승리는 그렇게 쉽게 이루어지는 것이 아니므로 이스라엘 백성들이 많은 시련 속에서 승리하게 된 것이니 두 번째 만든 돌판이 이를 증명한다.

〈신명기 5장~10장〉

조개 속에 진주가 들어있다(蛤裏珍珠)

한번 웃고 한번 우니
우열이 상반된다.

그러므로 공자님은 울타리를 쳤는데
노자는 그 울타리를 허물어 버렸던 것이다.

4. 하나님의 명령과 규례

하나님의 명령과 규례는 이스라엘 백성들의 행복을 위해 만든 것이니 꼭 지키라. 마음에 할례를 행하고, 고아와 과부를 원망스럽게 하지 말고, 나그네를 사랑하라. 보고 들은 일을 가르쳐 직무와 법도에 어긋남이 없으면 반드시 약속된 땅에서 복을 받을 것이다. 그러나 이를 듣지 않는 사람들에게는 저주가 있을 것이다.

이스라엘 백성들은 정한 장소에서 예배하게 하고, 가나안의 신들을 섬기지 말고 우상숭배를 하지 말 것이며, 깨끗한 음식을 먹고 십일조를 지키라. 매 7년 끝에는 가난한 자에게 면제해줄 것이다.

〈신명기 11장~15장〉

산은 산이요 물은 물이다(山山水水)

하늘과 땅은 한번도 구른 일이 없으나
사람이 스스로 넘어졌다 일어난다.

작은 사람은 나 때문에 산다하나
큰 사람은 세상 때문에 산다고 한다.

5. 공정한 재판

　유월절과 무교절, 맥추절과 초막절을 지킬 것이며, 재판에 대
해서는 절대로 공정하라. 다른 민족들의 가증한 행위를 좇지 말
고 그릇 살인한 자를 위한 도피성을 만들라. 이웃의 경계표를 옮
기지 말고 거짓 증거하지 말라. 전쟁할 때는 상대방의 말과 병거
(兵車) 민중의 숫자를 보고 놀라지 말고 애급땅에서 인도하여 내
신 여호와 하나님을 생각하라.

〈신명기 16장~20장〉

인의예지(仁義禮智)

가을이 되면
곡식이 저절로 여문다.
믿고 따르면
행복과 즐거움이 있다.

6. 하나님의 축복과 저주

    범인이 드러나지 않는 살인사건과 사로잡은 여자를 아내로 삼는 규례, 장자 상속권, 패역한 아들에게 내리는 벌 등을 명심하고, 성도덕을 지키라. 이혼과 재혼에 관한 규례와 품꾼에 관한 규례, 인간관계에 관한 규례 등을 준수하라.

    하나님 여호와의 말씀을 삼가 듣고 명령을 지켜 행하면 모든 복이 임할 것이며, 악을 행하여 불순종하면 저주와 혼란과 책망과 파멸이 있을 것이다.

〈신명기 21장~28장〉

호랑이·말·개미·기러기도 의리가 있다(虎馬蟻雁)

인생은
흑백 쌍곡선,

지혜의 칼날위에
높은 공훈이 나타난다.

7. 모세의 축복

    모세는 이렇게 노래 부르며 각 지파를 축복한 뒤 가나안 땅을 바라보면서 죽음을 맞이하니 여호수아가 그의 뒤를 이었다.

    하늘에 귀를 기울이고 내 입의 말을 들으라.

나의 말은 비요 이슬이다.
하늘은 반석이시니 공덕이 완전하여
모든 일에 공평하시고 정직하다.
지극히 높으신 자가 열국의 기업을 주시느니라.

〈신명기 32장~34장〉

죽은 땅에 이르러야 살길이 열린다(死地圖生)

깊은 밤에
해골바가지가 노래한다.

꼬리가 머리가 되고
머리가 꼬리가 된다.

　이것이 신명기의 내용이다. 초창기 주역자들이 거의 다 죽고 나니 젊은 세대를 위한 설교가 필요하게 되었다.
　그래서 지금까지의 여호와 말씀을 집약 거듭 해설하게 된 것이다.

여호수아

여호수아는 모세의 후계자로서
여호와의 구원하심을 따라
이스라엘 백성들을
가나안 땅으로 인도한 내력을 기록한 책으로
에발산에서 율법을 말하였다.

여호수아는
가나안 땅을 12지파에 분배하고
하나님을 배반하지 아니할 것을 맹세,
110세까지 살았다.

1. 통수권을 맡은 여호수아

모세가 죽은 뒤 눈의 아들 여호수아에게 하나님께서 모세에게 이른 것같이 그 약속된 땅 가나안을 줄 것을 다시 한번 약속하고 율법책을 익혀 마음을 강하게 담대히 두려워 않고 놀라지 않으며 지킬 것을 다짐하였다.

그리하여 여호수아는 백성의 유사들과 백성들에게 양식을 준비하여 3일 안에 하나님이 약속한 땅으로 떠날 것을 명령하였다.

이에 두 사람의 정탐군이 라합이라는 기생집에 이르러 여리고의 사정을 알아왔으며 아침 일찍 싯딤을 떠나 요단에 이르니 흐르던 물이 그쳐 모두 안전하게 건널 수 있었다.

〈여호수아 1장~3장〉

하늘 땅이 하나 되었네(天地一團)

흐르던 물이 그치고 마른 땅이 드러나니
믿는 자는 믿고 믿지 않는 자도 믿었다.

불은 흑을 태우지 못하고
물은 흙을 이기지 못한다.

2. 열두 개의 돌

이것을 기념하기 위하여 열두 제사장이 각기 요단에 들어가 돌 하나씩을 갖다가 제단 앞에 놓았으니 이는 이스라엘 자손들에게 그 증거를 보인 것이었다. 이 소식을 들은 아모리 사람들과 가나안 사람들은 간장이 마르고 정신을 잃었다.

여호수아가 가나안 땅에 이르러 칼 가진 사람의 말을 듣고 여리고 성벽에 이르러 나팔로 신호, 7일 만에 정복하니 남녀노소, 소와 말, 나귀까지도 모두 칼로 쳐서 죽였다. 그리고 첩자들을 숨겨준 기생집 권속들만 살아남게 하였다.

〈여호수아 4장~6장〉

초한전투(楚漢戰鬪)

한나라가 일어나니
초나라 궁성에 불이 붙었다.

돌은 부딪치면 불꽃이 일고
녹으면 물이 되고
식으면 흙이 되는 까닭에
풀과 나무가 그 속에서 자란다.

3. 이스라엘의 범죄자

이스라엘 자손들 가운데 범죄자가 생겼으니 아간이라는 자가 전리품을 숨긴 혐의다. 여호수아가 여리고성 함락에 이어 아이로 보내 정복하려 하였으나 3천명 군대 가운데 30여 명이 죽고 스바림까지 쫓겨갔다.

여호와께서 그 원인이 아간의 탈취사건(시날산 외투 한 벌, 은 1백세겔, 금 50세겔)에 있음을 아시고 고백 받은 뒤 그의 가족과 모든 생물들을 아골 골짜기로 데리고 가 돌로 쳐 죽이고 불 살라 흔적을 남기지 않았다.

〈여호수아 7장〉

기는 놈 위에 나는 놈이 있다(走者上飛)

귀뚜라미 소리 골방에서 들리니
오동잎이 가을 우물에 떨어졌다.

고요한 밤 하늘에
별빛만 처량하다.

4. 아이와의 전쟁

여호와께서 여호수아를 안심시키고 아이를 치라 하니 정예부
대로 성 뒤쪽에 매복시키고 여호수아가 백성들과 성 정문 앞으로
나아가니 아이왕이 보고 추격하였다. 도망가는 이스라엘 백성들
을 따라 전 국민이 궁성을 나오니 매복한 군인들이 쳐들어가 성
을 불사르고 밖에 나와 있는 아이 백성 1만2천인을 쳐죽여 몰살
시켰다. 그리고 에발산에 단을 쌓고 모세가 그 자손들에게 명한
율법을 낭독하였다.

〈여호수아 8장〉

가을 서리로다(秋季霜露)

구름 위에 구름이 있고
물속에 물이 있다.
가을이 되니 황국이 피더니
겨울이 되니 백설이 분분하다.

5. 연합군과의 대전

이스라엘 백성의 소식을 듣고 요단 서편 산지와 평지, 레바논 앞 바다에는 헷사람들과 아모리·가나안·브리스·히위·여부스 사람들의 왕은 여호수아와 이스라엘에 맞서서 싸우려고 하고, 기브온 주민들은 여호수아를 속여 화친하였다.

아모리 족속의 왕들이 기브온을 치자 이스라엘은 기브온을 구하고 아모리의 모든 왕과 땅을 취하였다.

그리고 남부 연합군의 왕들도 다 멸하여 버린다. 그 외 립나, 라기스, 게셀, 에글론, 헤브론, 드빌, 가데스바네아에서 가사, 고센에서 기브온까지 점령하였다. 나아가 가나안 북부 지역도 점령하였다.

한편 북쪽 지역 하솔왕 야빈이, 마돈, 시므론, 악삽, 긴네롯 남편 아라바와 평지, 서방, 동서편 가나안, 아모리, 헷, 브리스, 여부스, 미스바 땅 헤르몬 산 히위에게 연합을 요청하여 이스라엘과 메롬 물가에서 싸우기를 준비할 때 하나님은 이스라엘의 승리의 약속대로 전멸시킨다. 특별히 하솔은 죽고 그 온 땅 곧 산지와 온 남방과 고센 온 땅과 평지와 아라바와 이스라엘의 산지와 그 평지를 취하고 할락산에서 바알 갓까지로 기브온 족속만 남기고 대적한 족속은 진멸시킨다. 이 후 땅을 각 지파의 구별을 따라 기업으로 나눈다.

〈여호수아 9장~11장〉

바람 끝에 횃불이로다(風端烽火)

하늘은 서북쪽으로 기울어지고

땅은 동남쪽이 경계로다.

봄에는 배꽃이 희더니
여름이 되니 풀잎이 푸르도다.

6. 해뜨는 곳에서 해지는 곳까지

이스라엘은 동쪽편의 왕 시혼과 바산왕 옥, 그리고 서쪽편의
왕들 총 31명을 정복하였다.
여호수아는 아직 정복하지 못한 남은 땅들을 기업을 받지 못
한 9지파에게 나누어 주도록 명령 받고, 요단 동편은 두 왕의 땅
이고 레위 지파는 기업이 없고, 르우벤의 기업, 갓의 기업, 므낫
세의 기업을 각각 주었다. 그리고 요단 서편의 아홉 지파의 분배
에 대하여 설명한 후에 유다의 기업을 주신다. 갈렙은 여호수아
에게 헤브론을 기업으로 받는다.

〈여호수아 12장~15장〉

지과필개(知過必改)

지나친 허물인줄 알면
반드시 고쳐야 한다.

덕을 쌓으면
명예로운 이름이 올텐데.

이외에도 요셉 지파(에브라임과 므낫세)의 기업, 베냐민의 기업, 나머지 여섯 지파, 즉 시므온·스블론·잇사갈·아셀·납달리·단의 기업들을 결정하였다.

하나님께서는 여호수아를 통해 도피성을 택정하고 여섯 군데의 성읍들을 구별하셨다.

레위 지파는 게르손, 그핫, 므라리로 나누어지는데 그핫의 기업, 게르손의 기업, 므라리의 기업으로 총합은 48개이다. 그리고 여호와께서 약속하신 대로 말씀이 다 성취되었음을 설명한다.

여호수아는 르우벤, 갓, 므낫세를 축복하고 기업을 준다. 이 지파는 가나안 땅 요단 언덕 가에 큰 단을 쌓았다. 이 소식을 전해 들은 이스라엘 자손은 우상숭배인 줄 알고 싸우러 간다. 과거에 하나님의 멸망을 받은 것도 바로 이것임을 분명히 밝히자, 세 지파는 그들이 큰 단을 쌓은 것은 하나님을 버리고 우상을 숭배하기 위해서가 아님을 분명히 밝힌다. 이들은 서로 하나님을 찬양하게 된다.

〈여호수아 16장~22장〉

백년 강적이요 천년 원수로다 (敵誰百千)

달은 하늘 눈이요
산은 땅의 머리다.

동서는 해의 출입문이요
남북은 기러기의 통로다.

7. 여호수아의 죽음

　이렇게 가나안 정복을 마치고 요단강변에 르우벤·므낫세 자손들이 제단을 차리는 것을 보고 여호수아가 나이 많아 각 지파의 장로들과 두령·재판장·유사들을 불러 모세의 율법 지킬 것을 강조하고 좌우 어떤 곳으로도 치우치지 말 것을 당부하였다. 왜냐하면 여호와는 거룩하신 하나님이고 질투하는 하나님이기 때문에 복을 내리신 후에라도 그 율법을 지키지 아니했을 때 징계를 주시기 때문이다. 그리고 여호수아는 110세로 죽어 딤낫 세라에 장사지냈다.

〈여호수아 23장〉

한 얼굴에 두 모습(一面兩相)

피는 물보다 진하다.
웃는 얼굴에 노기(怒氣)가 서린다.

복과 화는 하늘에 매인 것이 아니라
사람에게 달렸기 때문이다.

다음은 사사기다.

사사기

죄와 복, 구원,
이들은 소페팀(재판관·통치자)
사사에 의해 다스려진다.

이스라엘에 아직 왕이 생기기 전
유일신 사상과 가나안 토착신앙이
배신과 징계·회개·구원·안식 속에 반복된다.

I. 가나안 정복

여호수아가 죽은 뒤 유다가 시므온과 합세하여 베섹을 점령 1
만 명을 죽이고 베섹에서 아도니 베섹을 만나 가나안 사람과 브
리스 사람들을 죽이니 아도니 베섹이 도망하는지라 그 수족의 엄
지가락을 모두 끊었으니 아도니 베섹이 "옛날 70왕이 그 수족 엄
지가락을 찍히고 내 상 아래서 먹을 것을 줍더니 나의 행한 대로
대가 갚음을 받음이로다." 하고 예루살렘에 끌려와 죽었다.

또 유다의 자손들이 예루살렘을 치고 성을 불살랐으며 다시 산지와 남방 평지에 살고 있는 가나안 사람과 싸웠고, 헤브론의 가나안 사람들을 쳐 세새와 아히만·달매를 죽였다. 또 드빌의 거민들을 치고 그것을 취하는 자에게는 내 딸 악사를 주겠다 하니 그나스의 아들 옷니엘이 그것을 취해 밭과 위, 아래 샘을 차지하였다.

〈사사기 1:1~15〉

공곡전성(空谷傳聲)

빈 골짜기에 메아리가
끝없이 퍼져나간다.

그러나 신심의 안팎을 비우지 아니하면
진리의 말씀은 들어가지 않는다.

모세의 장인이 유다 자손과 함께 종려나무 성읍에 올라가 아랏 남방 황무지에서 살았는데 유다가 그 형제 시므온과 함께 스밧에 사는 가나안 사람들을 쳐 진멸하였다. 또 가사와 그 경내 아스글론 지역과 에그론을 쳐 점령하였으나 다만 골짜기의 주민들은 철병거 때문에 내쫓지 못하고 모세의 명을 받아 헤브론을 갈렙에 준 바 갈렙이 가서 아낙의 3형제를 쫓아내었다. 베냐민 자손은 여부스 사람들은 쫓아내지 못해 함께 살게 되었다.

요셉족속(므낫세, 에브라임)·스불론·아셀·납달리도 그 거민들을 다 쫓아내지 못하여 가나안 사람들과 함께 살았다.

단지 아모리 사람이 단지손을 산지로 쫓았다가 요셉족속들이 강성해지자 필경에는 아모리 사람들이 사역하였다.

〈사사기 1:16~36〉

죽고 사는 것이 칼끝에 달렸다(生死決劍)

물이 합하니 바다가 되고
불이 타고나니 음지가 되는구나.

그러나 바다 속에 불이 들고
불 속에 물이 들었으니
이 전쟁이 어느 때나 끝날 것인가.

2. 언약의 실천

이스라엘 백성들이 여호와 앞에서 악을 행하여 바알과 아스다롯을 섬기니 노략하는 자의 손에 붙이시고 8년 동안 메소보다미아왕 구산 리사다임에 팔아 그를 섬기게 하였다.

이에 이스라엘 자손들이 여호와께 부르짖어 몸부림치므로 갈렙의 딸 악사를 아내로 맞은 그나스의 아들 옷니엘을 보내 구원케 하였다.

이스라엘 백성들이 또 여호와 앞에서 악을 행하여 모압왕 에글론이 이스라엘을 쳐 다시 18년 동안 섬기게 하였다.

다시 회개하고 구원을 요청하자 베냐민 사람 게라의 아들 왼손잡이 에훗을 보내 치게 하니 모압왕 에글론에게 공물을 바칠 때 한 규빗이나 되는 칼을 옷속에 숨기고 들어가 왕을 찔러죽이

고 이스라엘 자손들을 데리고 가 모압 사람들을 치고 한 사람도
요단강을 건너가지 못하게 하고 항복시켰다.
   또 아낫의 아들 삼갈은 막대로 블레셋 사람 6백 명을 쳐 그
땅이 80년 동안은 태평하게 되었다.

〈사사기 3:7~31〉

화인적악(禍因積惡)

악업을 지어
화액을 당한다.

복업을 지으면
기쁜 일이 생기리라.

   에훗이 죽은 뒤는 이스라엘 자손들의 타락하므로 여호와께서
는 하솔의 가나안 왕 야빈에게 그들을 넘겨 심히 학대를 받았다.
그때 랍비돗의 아내 여선지 드보라가 이스라엘 사사가 되어 아비
노암의 아들 바락을 불러다가 납달리 자손과 스불론 자손 1만명
을 거느리고 다볼산에 올라갔다.
   한편 모세의 장인 호밥의 자손 중 겐사람 헤벨이 자기 족속을
떠나 게데스에 가까운 사아난님 상수리나무 곁에 이르러 장막을
치고 있었다. 바락이 다볼산에 올랐다는 말을 듣고 가나안왕 야
빈의 군대장관 시스라는 철병거 9백승으로 치려 하였으나 여호와
께서 혼란에 빠지게 하여 시스라는 대패를 하고 도망하게 되었
다. 시스라가 도보로 도망하여 겐사람 헤벨의 아내 야엘의 장막
에 이르러 깊이 잠에 빠지자 야엘이 그의 관자놀이에 말뚝을 박

아 죽였다.

이렇게 일곱 번을 반복 기드온·돌라·야일·입다·입산·엘론·압돈·삼손 등 열두 사람의 사사들을 보내 구원하셨으니 이것이 무왕(無王)시대 이스라엘의 역사다.

〈사사기 4:1~16장〉

안개속의 무지개(雲霧中虹)

미디안 전투에서 승리를 거둔 기드온
잇사갈 지파 부아의 아들 돌라
요단 동력을 정복한 야일
길르앗 기생의 아들로 암몬전쟁의 승리자 입다

베들레헴 사람으로 아들 딸 각 30명을 낳은 입산
스불론 사람 엘론
비라돈 힐렐의 아들 압돈
소라 출신으로 이스라엘을 블레셋에서 구한 삼손
그 가운데서도 횃불과 항아리 전술을 편
기드온과 삼손의 힘과 지략이 유명하다.

다음은 룻기이다.

룻기

홀로 된 시어머니 나오미와 함께
베들레헴으로 이사한 모압 여인

어머니 가시는 곳에 함께 가 함께 살며
어머니의 백성이 나의 백성이 되고
어머니의 신앙이 나의 신앙이 된다 하였던 여인,

그는 결국 어머니의 뜻을 따라
보아스의 아내가 되어
다윗왕의 조상이 된 거룩한 여인이다.

1. 불행한 여인의 며느리

사사시대 큰 흉년이 들어 유다 베들레헴에 엘리멜렉이 그 아내 나오미와 두 아들(말론·기룐)을 데리고 모압 지방에 갔다가 엘리멜렉은 죽고 그 두 아들이 결혼했는데 큰며느리는 오르바이고 작은 며느리는 룻이었다.

그런데 불행히도 두 아들마저 죽게 되니 어머니께서 두 며느리를 데리고 고향으로 다시 돌아오다가 며느리들에게 말했다.

"너희들이 우리 고향에 돌아간들 무슨 좋은 수가 있겠느냐. 그러니 여기서 돌아가라."

큰며느리는 몇 번 사양하다가 친정으로 돌아가기로 하였는데, 룻은 기필코 어머니 곁에서 죽기로 맹세하므로 고향으로 데리고 와서 이삭을 주어 하루하루를 지냈다. 하루는 엘리멜렉의 친족 보아스 밭에 가서 이삭을 줍는데 그의 행이 바르므로 보아스가 종들을 시켜 먹을 것도 주고 이삭 줍는 것을 꾸짖지 말라고 부탁하였다.

〈룻기 1장~2장〉

인연중중(因緣重重)

인연이 중중하다.
고향 버리고 떠난 사람
어머니·마누라까지 고생시키나

어진 룻 때문에
귀한 세상의 영화를 본다.

그날 저녁 집에 들어가니 시어머니께서 "네 안식할 곳을 걱정하니 오늘은 목욕하고 기름을 바르고 그 집 타작하는 곳에 가서 주인이 누울 때 발치 이불에 가만히 들어가 있으라" 하였다.

룻이 시키는 대로 하니 보아스가 보고 내력을 듣고 보리 여섯

되를 주어 집으로 가지고 왔다.

　이튿날 보아스는 성문에 올라 기업(基業) 무를 자와 장로들을 만나 룻을 살 것을 다짐하고 취하니 거기서 오벳을 낳았으니 엘리멜렉과 기룐 말론에서 있던 일까지 증명되었다. 베레스의 가문은 헤스론－람－암미나답－나손－살몬－보아스－오벳－이새－다윗으로 이어지니 결국 오벳은 저 유명한 다윗의 조상이 된 것이다.

〈룻기 3장～4장〉

효행이 충천하다(孝行衝天)

맑은 하늘에 흰 구름
싸늘한 허공에 맺힌 이슬

맑은 물에서 이끼가 생기듯
희망 없는데서 희망이 나타나니
끊어진 끄나풀에서 다시 대를 잇게 되었다.

오호라! 사랑이 무엇인가
하늘을 찌르는 효행이로다.

다음은 사무엘이다.

사무엘(상·하)

구약성서 아홉 번째의 책으로
사무엘과 사울·다윗의 생애를 기록한 책이다.

사무엘이 사울과 다윗에게 기름을 부어
신정정치를 왕정으로 바꾸는 과정을 보여준 역사서다.

책은 상·하 양권으로 되어 있으나
여기서는 하나로 정리한다.

ⅼ. 기도와 서원

에브라임의 산지 라마다임소빔에 에브라임 사람 엘가나가 두 아내(한나·브닌나)를 거느리고 살았는데, 브닌나는 자식을 낳고 한나는 자식이 없었다. 제사 때가 되면 엘가나가 브닌나와 그 자식들에게는 제물의 분깃을 주되 한나에게는 두 배나 주었다. 브닌나가 한나의 아이 없음을 격동하므로 한나가 한이 맺혀 울면서

기도하여 사무엘을 낳았다. 사무엘을 가질 때 하나님께 맹세하기를 "아들을 낳으면 하나님께 바치겠습니다." 하여 약속하였기 때문에 제사장 엘리 앞에서 여호와를 섬기게 되었다.

제사장 엘리가 눈이 어두워지고 아들들은 불량하게 굴고 여호와 앞에 크게 범죄하니 엘리의 아들들은 블레셋과의 전쟁 중에 죽임을 당하였다. 그리고 엘리에게 전쟁의 소식을 전하자 엘리는 의자에서 넘어져 목이 부러져 죽고, 며느리인 비느하스의 아내가 남편과 시부가 죽었다는 말을 듣고 갑자기 쓰러져 죽으며 아들 하나를 낳았는데 그 이름이 이가봇이다.

〈사무엘상 1장~4장〉

개천에서 용난다(溪川出龍)

하늘의 부르심을 받고
하늘의 말을 전할 수 있는 선지자는
하늘과 땅의 중보자로서
나라와 백성을 다스리는 사사가 될 수 있다.

부모의 악이 자식에게는 회개의 물로 태어났으니
이가봇이 이를 증명한다.

2. 언약궤

블레셋 사람들이 에벤에셀에서 하나님의 궤를 빼앗아 아스돗 다곤신전에 두니 다곤상을 넘어뜨리고, 아스돗 사람들에게 독종

을 내려 큰 환난을 당하게 하였다. 블레셋 사람들이 여호와의 궤
와 금쥐와 그들의 독종의 형상을 담은 상자를 수레 위에 실어 벧
세메스로 보냈다. 벧세메스 사람들이 여호와의 궤를 들여다보니
그들을 치사 (5만)70명이 죽었다. 통곡 속에 여호와의 궤를 기럇
여아림 주민들에게 보내 아비나답의 집에 들여놓자 조용해졌다.
그러므로 여호와는 아무나 보고 경멸하지 못한다는 것을 다시 한
번 깨닫게 되었다.

세월이 지나 사무엘이 미스바에서 이스라엘을 다스리게 되었
다. 미스바에 이스라엘 백성들이 모였을 때 블레셋 사람들이 이
스라엘을 치러 오자 사무엘은 하나님께 기도하였다. 하나님은 블
레셋 사람들에게 큰 우레를 발하여 이스라엘 앞에 패배시킴으로
써 다시 주권을 찾고 평화를 이루게 되었다.

사무엘이 늙어 그 임무를 두 아들(요엘·아비야)에게 맡겼으나
두 아들이 아비의 행위를 따르지 않고 부정을 저지르므로 백성들
이 모여 각기 자기 왕을 내세울 것을 발원하였다.

〈사무엘상 5장~8장〉

하늘은 땅과 섞이지 않는다(天不雜地)

10계명이 새겨진 돌판
만나 한 항아리와 아론의 지팡이가 든 하늘 궤

아카시아 나무에 금칠을 하고
네 고리를 달아 막대기로 끼워 들었던 상자.
이것이 이미 지상에 있지만 지상의 것이 아니다.

3. 왕이 된 사울

베냐민 지파 중에 기스라는 유력한 자가 있었다. 어느날 기스는 그의 아들 사울을 시켜 잃어버린 암나귀들을 찾아오도록 하였다. 사울과 사환은 에브라임 산지와 살리사 땅·사알림 땅 등을 찾아다니다가 마침내 사무엘을 만나게 되었다. 사무엘은 베냐민 경계 셀사에 있는 라헬 묘실 곁에서 사울을 만나 그에게 기름을 붓고 사울을 왕으로 삼았다.

〈사무엘상 9장~10장〉

천불용왕(天不容王)

하늘은 지상의 왕을
원하지 않는다.
인간에겐 권리만 주면 탈이 나기 때문이다.

그러나 암나귀들을 찾는 사울의 정성 때문에
사무엘로 하여금 기름을 붓게 하였다.

4. 탐욕의 병

암몬 사람 나하스가 길르앗 야베스에 맞서 진을 치자 야베스의 모든 사람들이 언약 맺기를 희망하였으나 "오른쪽 눈을 다 빼면 언약하리라" 하니 야베스 장로들이 7일 동안 유예를 얻어 이

스라엘 온 지역에 전령을 보냈다. 사울이 전령들의 말을 듣고 이
스라엘 백성 30만을 3대로 편성해서 치니 암몬 사람들이 모두 다
흩어졌다.

사무엘은 이제까지의 자신의 공정과 정직을 백성들에게 재
확인하고 "애굽에서 인도해 내신 분도 여호와이신데 이를 잊
어버리자 블레셋 사람의 손에 붙이고 회개하자 안전하게 하
였는데 왕이 있어야 하겠다 하여 왕을 세우지 않았는가? 너희
와 너희 왕이 여호와를 섬기지 않으면 치실 것이다. 여호와만
섬기기를 말하고 여호와도 너희를 버리지 아니하시고 나도
너희를 위해 기도할 것인즉 너희는 마음을 다하여 섬기라 그
렇지 않으면 망할 것이다."라고 말하였다.

〈사무엘상 11장~12장〉

쌀과 보리는 질이 다르다(米麥異質)

절벽의 폭포는 요란한데
샘물은 조용히 흐른다.

산길은 구불구불 막혀있는데
들판은 가는 곳마다 터져 있다.

5. 용맹한 사람들

사울이 40세에 왕이 되어 2년 동안 이스라엘을 다스리고 있을
때 병정 3천명을 거느리고 있었다. 2천은 자기와 함께 믹마스와

사무엘(상·하) **101**

벨엘산에 있게 하고 1천은 요나단과 함께 베냐민 기브아에 있게
하고, 나머지 백성은 각기 장막으로 보냈다.

블레셋 사람들이 수비대를 치므로 이스라엘 사람들이 위급함
을 느끼고 바위굴과 숲속에 숨었는데 사무엘이 길갈로 오지 아니
하므로 사울은 혼자 번제를 드렸다.

또한 여호와께서 아말렉 족속과 모든 소유를 진멸하라고 하셨
으나 사울은 전투 승리 후 얼마를 남겼다. 그는 "여호와께 제사
하려" 남겼다고 하지만 하나님은 사울을 세우심을 후회하신다.
사무엘이 이를 지적하고 "순종과 듣는 것이" 더 중요함과 하나님
이 사울을 버렸음을 말한다. 이에 사무엘이 죽는 날까지 사울을
보지 않았다.

〈사무엘상 13장~15장〉

앉아서 죽고 서서 죽는다(坐死立死)

고봉정상의 마른나무가
찬 재(寒灰)와 같구나.

하지 말라는 일을 하고
해서는 안되는 일을 하면 벌 받는다.

6. 뉘우치는 사람들

하나님은 사무엘로 하여금 다윗에게 기름을 붓도록 하신다.
다윗은 블레셋의 골리앗이 선전 포고와 함께 이스라엘을 모

욕하자 전쟁에 나가 비웃는 골리앗을 하나님의 이름으로 그를 죽이고 큰 승리를 거둔다.

다윗은 비록 도망다니는 몸이지만 불의를 저지르지 않고 하나님의 뜻대로 살았다. 반면 사울은 항상 의심하고 다윗을 죽이려 하고, 신접한 여인을 만나는 등 패역한 행동을 하다가 결국 블레셋 사람들에 의해 죽임을 당하게 된다.

〈사무엘상 16장~31장〉

의인은 죽지 않는다(義人不亡)

이슬은 천 개의 구슬 같고
국화는 한 떨기 황금이로다.

의로운 사람은 불의 속에서도 죽지 않고
불의한 사람은 의 속에서 죽는다.

7. 왕에 추대된 다윗

다윗이 아멜렉 사람을 치고 시글락에 돌아온 지 3일째였다. 그 때에 사울에게 용병으로 고용되었던 한 아말렉 소년이 사울의 진에서 피해 다윗에게로 왔다.

다윗은 사울과 요나단의 죽음 소식을 듣고 애가를 지어 사울과 요나단을 조상했다.

그리고 다윗이 하나님께 기도하자 하나님께서는 다윗에게 헤브론으로 올라가라고 지시하셨고 다윗이 아내 아히노암과 아비가 엘을 데리고 헤브론으로 가 유다 족속의 왕으로 두 번째 왕이 되었다.

〈사무엘하 1장~2장〉

메시야의 표상(油王標象)

은혜는 높기가 하늘과 같고
덕은 두텁기 땅과 같다.
무사·군인·왕·망명객·죄인·성도·시인
음악가로 사랑과 우정의 표상을 남긴 사람.

8. 원수를 사랑한 다윗

사울의 집과 다윗의 집 사이에 전쟁이 났으나 사울의 집안은 원수로써 복수하고 다윗의 집은 선덕으로 은혜를 베푸니 다윗은 점점 강하여 가고 사울의 집은 점점 약하여 가니라.

다윗이 30세에 위에 나아가 40년을 다스리는 동안 첫 번째 부인은 미갈이었으나 사울이 다른 곳으로 시집보낸 것을 뒤에 찾아오고, 이스르엘 여인 아히노암에게서 암논을 낳고, 길르압은 아비가일의 소생이고, 셋째 압살롬은 그술왕 달매의 딸 마아가가 낳고, 넷째 아도니야는 학깃의 아들이고, 다섯째 스바댜는 아비달의 아들이고, 여섯째 이드르암은 다윗의 아내 에글라의 소생으로 모두 이들은 헤브론에서 낳은 자들이다. 그 뒤 예루살렘에 와서 삼무아·소밥·나단·솔로몬·입할·엘리수아·네벡·야비아·엘리사마·엘랴다·엘리벨렛 등을 낳았다.

〈사무엘하 3장~5장〉

만겁인연(萬劫因緣)

기쁨과 슬픔 두려움과 고통 속에서도
복수하지 않는 아버지

인생의 갈등과 고민을
하늘에 가장 잘 전해주신 시성

9. 나라사랑

다윗이 이스라엘에서 뽑은 무리 3만으로 하여금 바알레유다로 가서 하나님의 궤를 새 수레에 싣고 돌아와 춤을 추고 노래하니 사울의 딸 미갈이 업신여겼는데, 이로 인해 죽을 때까지 자식을 낳지 못했다.

그 이후로 다윗이 블레셋을 쳐 메덱암마를 빼앗고, 모압을 쳐 두 줄 길이의 사람을 죽이고, 소바와 싸워 마병 1천7백과 보병 2만을 사로잡고 병거 1백승의 말만 남기고 그 외의 병거의 말은 모두 발의 힘줄을 끊었다. 또 소바왕을 도우러 왔던 다메섹 아람에 수비대를 보내 아람 사람 2만2천명을 죽이고 아람 사람을 종으로 만들고 소바왕 하닷에셀의 신복들이 가진 금방패 등을 빼앗아 예루살렘으로 가져왔다. 그리고 에돔 사람 1만 8천도 쳐죽이고 노예가 되게 하였다.

사무엘(상·하) 105

　　다윗은 절친했던 친구 요나단과의 언약을 기억하고 요나단의
아들 므비보셋을 찾아 그에게 은총을 베풀었다.

〈사무엘하 6장～9장〉

의리의 사나이(義理快男)

용감한 목동 조직의 명수
전쟁은 무기와 군인의 숫자에
달려있는 것이 아니라
확고부동한 신념과 의리에 승패가 달려 있다.
그리고 자신과 인연이 있는 사울의 가족과
암몬의 나라를 아들 하눈에게 은혜를 베풀어 재산을 주고
명예를 회복시켜 주었으니 진실로 경쾌한 사나이다.

IO. 다윗의 실수

　　그런데 하루는 침상에서 일어나 왕궁 지붕을 거닐다가 한 여
인이 목욕하는 것을 보고 데려오게 하니 그는 헷사람 우리아의
아내 밧세바였다. 동침하여 아기를 가지니 요압의 전쟁 때 우리
아를 보내 죽게 함으로써 하나님께 큰 죄(간음죄)를 지어 하나님
의 큰 징계를 받았다. 다윗은 밧세바를 통해 아기를 낳았으나 심
히 앓다가 죽었다. 그후 밧세바를 위로하고 동침하여 솔로몬을
낳게 된다.

〈사무엘하 11장～12장〉

은원이 분명하다(恩怨分明)

우정과 충성으로
벗과 나라를 사랑하고

불의와 사심으로
한 가정을 멸망케 하였으나

그 중에서 나온 자식이
나라의 대를 잇게 된다.

11. 압살롬의 반역과 죽음

　다윗의 아들 암논이 배다른 누이 다말을 강간하는 사건이 일어난다. 다말의 오라버니 압살롬은 이에 대한 원수를 갚기 위해 암논을 죽이고 도주한다. 그 후에 압살롬은 다시 돌아와서 서서히 백성들의 민심을 빼앗아 갔고 결국 반역을 하게 된다. 다윗은 압살롬의 반역을 시도한 사실과 이스라엘의 민심이 그에게 기울어졌다는 소식을 듣고 예루살렘에 있던 모든 신하들에게 예루살렘을 피하라고 지시했으며, 다윗의 신하들은 그 지시를 따른다.
　예루살렘을 피한 다윗군은 후일 전열을 정비하여 압살롬군과 전쟁을 치른다. 모사들의 전략에서 뒤진 압살롬은 결국 전쟁에서 패하고 종말을 고하게 된다.
　압살롬의 죽음 소식을 듣고 슬퍼하는 다윗은 요압의 항의와 충언으로 예루살렘으로 복귀하게 되고, 비그리의 아들 세바라고 하는 난류가 반역을 일으켰으나 진압한다.

〈사무엘하 13장~20장〉

전쟁비극(戰爭悲劇)

죽이고 죽고
상하고 다치고

수라장의 외치는 소리가
천지를 진동했다.

12. 눈물의 시편

그때부터 내리 3년, 다윗이 하늘에 기도하여 역적 삿된 사람들을 매어 다니 그때부터 비가 내리기 시작하였다. 그러나 그 뒤에도 블레셋 사람들과 세 번 네 번 전쟁을 하여 평정하니 다윗이 노래 불렀다.
"여호와는 나의 반석이요. 요새며 구원자다."

〈사무엘하 21장-22장〉

나오는 것이 노래다(出口歌頌)

내 혀는 하나님의 말씀.
나의 공의 바위로다.
돋는 해,

아침 빛,
구름없는 아침,
비온 뒤의 광선,
땅에서 움이 돋는 새풀.

그를 뒷바라지 했던 용사들은
다그몬 사람 요셉밧세벳
에센 사람 아디노는 군장이고
아호아 사람 도대의 아들 엘르아살
하랄 사람 아게의 아들 삼마라
스루야의 아들 요압 아우 아비새니
갑스엘 용사의 손자 여호야다의 아들 브나야 등등
모두 37명이었다.

〈사무엘하 23장〉

말은 위대하다(偉大言語)

자신의 감정도 드러내고
남의 호소도 풀어주고

산 사람도 칭찬하고
죽은 사람도 추모하고

13. 죄와 참회

　여호와께서 이스라엘을 치시려고 다윗에게 인구조사를 실시케 하였다. 다윗은 요압에게 단에서부터 브엘세바까지의 모든 이스라엘의 인구를 조사하여 보고하라고 명령했다. 요압을 지도자로 한 인구 조사단은 모든 지역을 돌아다니면서 9개월 20일만에 조사를 마치고 예루살렘에 도착했다. 요압의 보고에 의하면 이스라엘에서 전쟁에서 싸울 수 있는 사람들은 80만명이었으며, 유다 사람은 50만명이었다.

　다윗의 인구 조사로 인해 이스라엘 사람들은 온역으로 7만명이 죽음을 당하였다. 여호와께서는 약속한 3일이 되었을 때에 여호와의 사자에게 징계를 그치라고 명하셨다. 다윗이 크게 뉘우치고 아라우나의 타작마당을 사서 여호와를 위하여 제단을 쌓고 번제와 화목제를 드려 재앙이 그쳤다.

〈사무엘하 24장〉

참회진언(懺悔眞言)

옴 살바못자 모지 사다야 사바하.
죄는 마음에서 일어나고
입과 몸을 통해 나타난다.

물로 옷을 빨 듯
불로 숲을 태우듯 하면
남김없이 사라지나
없는 것만은 못하다.

열왕기(상·하)

이스라엘 역사를
역대왕들을 중심으로 정리한 책.
먼저는 솔로몬의 통치가 나오고
다음은 분열된 왕국의 역사를 기록했다.
북이스라엘과 남유다 등.

1. 다윗왕의 임종

다윗왕이 나이 많아 이불을 덮어도 따뜻하지 않자 젊은 처녀 수넴의 여자 아비삭을 골라 바쳤으나 끝내 동침하지 않았다.

학깃의 아들 아도니야가 스스로 왕을 자처하고 사람들을 모아 하늘에 제사지내고 왕 되기를 희망하였으나 다윗왕은 제사장 사독과 선지자 나단, 여호야다의 아들 브나야 등을 시켜 솔로몬을 기름 부어 후계자로 정하고 왕이 된 지 40년 만에 죽으니 다윗성에 장사지냈다.

〈열왕기상 1장~2:12〉

꽃 속에 열매가 들어있다(花中種子)

고목에 꽃이 핀다고
생명이 되지 않는다.

뿌리 없는 나무에
열매가 맺힐 리 없다.

2. 솔로몬의 영화

솔로몬이 애급왕 바로의 딸을 취하고 데려다가 다윗성에 두고 자기의 궁과 여호와의 전과 예루살렘 주위의 성이 필역되기를 기다렸다.

하나님께서는 솔로몬이 지혜를 구하자 크게 축복해주셨다.

"너는 자기를 위해서 수와 부를 구하지 않고 원수의 생명도 구하지 않았으며 송사를 듣고 판단할 수 있는 지혜를 구하니 네게 총명을 주어 앞에도 뒤에도 너와 같은 자가 없게 하리라."

이에 솔로몬은 언약궤 앞에서 번제와 수은제를 드렸다.

한번은 두 기생이 죽은 아들과 산 아들을 두고 서로가 산 아이가 자기의 아이라고 하며 쟁론을 하게 되었다. 솔로몬은 산 아들을 둘로 갈라 두 여인에게 나눠주라 하였다. 진정한 어머니가 그 아들을 포기함으로써 그 아이를 살리려 하는 것을 보고 진정한 어미를 찾아주는 판결을 하여 하나님의 지혜가 그 안에 있음을 나타내었다.

그 후 솔로몬은 열두 장관을 임명하여 행정의 체계를 세우니 그 사람들이 왕과 왕실을 위하여 식물을 예비하였다.

이에 솔로몬이 지금까지 없던 전을 건축코자 역군 3만 명과 짐꾼 7만 명, 석공 8만 명을 모집, 아도니람이 감독이 되어 여호와의 전과 왕궁을 완성하였다.

<열왕기상 3장~8장>

청천백운만리통(靑天白雲萬里通)

푸른 하늘에 흰 구름이
만리에 통했도다.

성전 속에 하늘이 있고
하늘 아래 사람이 있으니

오직 한 법이 있을 뿐
세상에는 딴 법이 없었다.

3. 타락한 솔로몬

솔로몬왕은 융성하여 부와 국력이 극에 달하였고, 후비가 7백이고 빈장이 3백이나 되었다. 왕비들이 솔로몬왕의 마음을 돌이켜 시돈의 여신 아스다롯을 따르고, 암몬의 밀곰, 모압의 신 그모스를 섬겨 우상에 절하고 제사지냈다. 이에 여호와께서 진노하여 에돔 사람 하닷과 엘리야다의 아들 르손을 일으켜 왕을 대적하게 하고, 또 신복 느밧의 아들 여로보암 등이 손을 들어 대적하였다.

솔로몬은 이스라엘을 다스린 지 40년 만에 죽어 부친 다윗의
성읍에 장사지냈다.

〈열왕기상 10장~11장〉

물이 과하면 질이 변한다(過物變質)

하나에 걸리니
만 가지가 걸렸다.

방편은
진실이 아니기 때문이다.

4. 여러 왕

솔로몬을 이어 르호보암이 왕이 되었으나 노인들과 말을 듣지
않고 포학한 말로 백성들을 다스리려 하였다. 이에 북쪽 지파들
이 배반하고 여로보암을 왕으로 추대하여 통일 왕국은 남유다와
북이스라엘로 분열되기에 이르렀다.

북이스라엘의 여로보암왕은 두 금송아지를 만들어 벧엘과 단
에 각각 두고 백성들로 하여금 경배하도록 하였다. 또한 레위인
이 아닌 일반백성으로 누구든지 자원하면 산당의 제사장으로 삼
아 여로보암의 집에 죄가 되도록 하였다.

여로보암왕은 우상을 숭배하였으므로 그의 아들 아비야가 죽
고 22년 동안 정치하다가 아들 나답에게 왕위를 넘겨주었다. 18
명의 아내와 60명의 첩을 두어 아들 28명과 딸 60명을 두었다.

여로보암 제18년에 아비얌이 유다왕이 되고, 예루살렘에서 3년
을 정치하되 정직하였다.

유다의 아비얌왕이 죽고 왕이 된 아사는 41년 동안 예루살렘
을 다스리고 발병으로 죽자 그의 아들 여호사밧이 왕이 되었다.

유다왕 아사 제2년에 여로보암의 아들 나답이 이스라엘 왕이
되었으며 2년 동안 이스라엘을 다스리고 죽으니, 아사 제3년에
아히야의 아들 바아사가 이스라엘의 왕이 되어 24년을 치리하였
다. 바아사도 여호아의 뜻을 어겨 여로보암의 길로 행하였다.

그리고 바아사의 아들 엘라가 이스라엘 왕위를 계승하였으나
2년 만에 궁내 대신 아르사의 집에 취해 있다가 시므리에게 죽임
을 당했다.

시므리가 이스라엘 왕이 되어 바아사의 온 집을 멸했는데 남
자란 남자는 하나도 남겨놓지 않았다. 한편 시므리가 모반하였다
는 소식을 듣고 군대장군 오므리가 왕이 되어 이를 치니 시므리
는 스스로 왕이 된 지 7일 만에 궁성에 불을 놓고 그 자리에서
불에 타 죽었다.

〈열왕기상 12장~16:20〉

불용분국(不容分國)

하늘은 국가가 나누어지는 것을
좋아하지 않는다.

물은 한 길로 흐르나
개울 따라 이름이 달라진다.

넓고 깊고 길고 짧음은 있어도
끝없이 물은 흘러만 간다.

그런데 이스라엘 백성들이 두 패로 나누어 한 패는 기낫의 아
들 디브니를 왕으로 삼으려 하고 한 패는 오므리를 쫓았는데 결
국 오므리가 그들을 진압하여 왕이 되었다.
오므리가 12년 동안 왕이 되어 사마리아산을 사고 거기 성을
쌓았으나 길게 가지 못하고 죽으니 그의 아들 아합이 대신 왕이
되었다.
아합이 22년 동안 이스라엘을 다스렸으나 시돈왕 엣바알의 딸
이세벨과 결혼, 바알을 섬겼다.

〈열왕기상 16:21~34〉

양두사(兩頭蛇)다

꼬리 하나에 머리가 둘
꼬리가 가만두지 않는다.

약속을 어기면
벌이 온다.

5. 엘리야

디셉인 엘리야가 여호와의 말씀대로 요단 앞 그릿 시냇가에
숨으니 까마귀들이 떡과 고기를 가져 왔으나 얼마 후에 비가 내
리지 않으므로 시내가 바짝 말랐다.

엘리야가 여호와의 말씀대로 시돈의 사르밧으로 가니 한 과부
가 나뭇가지를 줍고 있었다. 물과 떡을 요구하니 통의 가루 한
움큼과 병의 기름 조금으로 떡 하나를 만들어 오고 자신들의 먹
이를 만들었으나 그 가루와 기름이 장차 비가 올 때까지 없어지
지 않았다. 그런데 그 과부의 아들이 갑자기 죽게 되자 엘리야가
다락방에 안고 가서 기도로써 혼이 다시 돌아오게 하였다.

또 엘리야가 바알 선지자들과 겨뤄 하나님이 살아계신 것을
나타내고 비를 내리게 하니 모든 백성들이 감격하였다.

하나님께서 엘리야에게 광야를 거쳐 다메섹으로 가 하사엘에
게 기름을 부어 아람왕이 되게 하고, 님시의 아들 예후에게 기름
을 부어 이스라엘 왕이 되게 하였으며, 또 사밧의 아들 엘리사에
게 기름을 부어 선지자가 되도록 하였다.

〈열왕기상 17장~19장〉

소소영령(昭昭靈靈)

한 가지 진리에
만 가지 뜻이 들어있다.

한 사람이 깨달으면
만 사람이 깨닫는다.

밝고 밝은 마음이여
신령스럽기 그지없구나.

6. 아람왕 벤하닷

  아람왕 벤하닷이 군대를 모아 사마리아를 에워싸고 이스라엘
왕 아합을 치려 하자 이스라엘이 이를 물리쳤다. 아합은 궁전 곁
에 포도밭을 가지고 있던 나봇이 포도밭을 팔라 해도 말을 듣지
않자 부인 이세벨의 꾀로 나봇을 죽이고 땅을 빼앗았다. 엘리야
가 이 말을 듣고 아합에게 하나님의 징벌을 알리자 아합이 굵은
베로 허리를 묶고 큰소리로 회개하므로 하나님께서 재앙을 유보
하셨다.

  아람과 이스라엘 사이 3년간 전쟁이 없다가 유다왕 여호사밧
과 이스라엘왕 아합이 연합하여 길르앗 라못이 본래 이스라엘 땅
이라 주장하며 아람왕에게 전쟁을 일으켰다가 아합은 죽게 된다.
아합의 아들 아하시야가 이스라엘의 왕이 된다.
  한편 아사의 아들 여호사밧은 35세로 유다의 왕이 되어 25년
동안 다스렸다. 여호사밧의 뒤는 아들 여호람이 계승했다.
〈열왕기상 20장~22장〉

탐욕이 병이다(貪慾生疾)

고추밭이

깨밭이 되나

밭은
언제나 한 밭이다.

7. 엘리야와 엘리사

엘리사는 엘리야를 따라 길갈, 벧엘, 여리고로 간다. 엘리야가 마지막 소원을 묻자 엘리사는 갑절의 영감을 구한다. 엘리야는 불 수레와 불 말을 타고 승천하고, 엘리사는 능력을 받아 요단강도 가르는 등 이적을 행한다. 엘리사는 생도 아내에게 빈 병에 기름을 채우게 하고, 그를 잘 대접한 수넴여인에게 아이가 있을 것이라 하여 말씀대로 되고, 또한 그 아이가 죽자 살려준다. 엘리사는 아람 장군 나아만의 병을 요단강에 일곱번 씻어라 하여 고쳐주고, 이스라엘왕에게 아람의 전략을 이야기해주고, 하나님의 군대도 함께하여 아람을 무찌른다.

〈열왕기하 1장~7장〉

길상여의(吉祥如意)

지혜로운 사람 가까이 하고
덕 있는 사람 공경하면
신통과 광명 속에 능력이 나타난다

알맞은 곳에 거처하며
몸을 바로 하여 덕행을 베푸는 사람은
길상한 일이 뜻과 같이 이루어진다.

8. 여러 왕(2)

엘리사는 소년 선지자를 시켜 예후에게 기름을 붓고 이스라엘의 왕이 될 것과 아합의 집을 멸절할 것을 명한다. 예후는 이스라엘의 왕이 되어 요람왕, 유다왕 아하시야, 이세벨을 죽인다. 그리고 아합의 자손과 아하시야의 자손들, 아합에게 속한 자도 진멸하고, 바알 선지자 대회를 열어 바알을 섬긴 모든 자를 죽여버린다.

유다왕 아하시야의 모친 아달랴가 6년 동안 포학하게 유다를 다스리자 여호야다가 혁명을 일으켜 요시야를 왕으로 세운다. 유다왕 요아스는 성전 수리를 하고 하사엘의 침략시 뇌물을 주고 물러나게 하나 비참한 최후를 맞이한다.

한편 이스라엘 왕 여호아하스는 아람의 침략을 받는다. 그를 이어 요아스가 왕이 되어 엘리사의 임종시 아람을 진멸하고 세번 칠 것을 예언 받는다. 엘리사가 죽고 요아스는 예언대로 세번 친다.

유다 왕 아마샤는 이스라엘의 요아스와의 전투에서 패한 후 죽임을 당하고, 여로보암 2세가 이스라엘의 왕이 되어 이스라엘의 땅을 회복하였다.

〈열왕기하 8장~14장〉

동묘장군(東廟將軍)

동대문 밖 동묘에는
중국의 명장 관우가 모셔져 있다
살아서 많은 생명 죽였는데

마침내 그 부하에게 죽임을 당한다.

억울한 영혼이 천지를 방황하며
내 머리를 찾아달라 애원했으나
한 사람도 찾아주는 사람이 없었는데
네 칼에 죽은 자의 목을 찾아오면
네 머리를 찾아주겠다 하여 깨달음을 얻었다한다.

9. 여러 왕(3)과 이스라엘의 멸망

유다왕은 아사랴, 요담으로 이어진다. 이스라엘에는 단명하는 왕들이 속출하는데 스가랴, 살룸, 므나헴, 브가히야, 베가 등이다. 이스라엘왕들은 악을 행하고 특히 베가왕 때에는 앗수르왕 디글랏 빌레셋이 쳐들어 왔다. 유다왕 아하스가 아람 왕과 베가가 예루살렘을 포위 때 앗수르왕 디글랏 빌레셋에게 도움을 요청하여 이스라엘과 아람을 쳤다.

이스라엘왕 호세아 때에 앗수르왕 살만에셀이 침략하여 결국 이스라엘은 멸망하였다. 앗수르는 이스라엘의 멸망 후 바벨론과 다른 지역의 사람들을 사마리아에 두어 혼합하게 하고 타락하게 했다.

〈열왕기하 15장~17장〉

불의단명(不義短命)

하늘에 의롭지 못한 행을 하는 사람은 단명한다.

하늘의 계(誡)를 지키지 않고
백성들을 괴롭게 하며
부모를 봉양하지 않고
처자권속을 사랑하지 않는 자는
하늘이 벌을 준다

그러므로 덕을 베풀고
겸양의 행을 길러라

10. 유다의 왕들, 그리고 유다의 멸망

히스기야의 시대에 앗수르가 침략하여 랍사게를 통해 하나님을 모욕한다. 히스기야는 선지자 이사야를 통하여 하나님의 구원을 듣고 기도하자 하나님이 그들을 쳐 산헤립은 떠난다. 히스기야는 선지자 이사야에게 그의 죽음의 예언을 듣고 눈물로 기도하여 생명을 십오년 연장 받는다.

므낫세와 아몬은 백성들로 우상 숭배를 하게 하자 선지자들로 심판을 확증하셨다.

요시야는 성전을 수리하여 율법책을 발견하여 개혁을 한바 우상을 파괴하고 절기를 지키고 가증한 것을 다 제하였다. 요시야가 죽고 이어서 여호아하스가 통치하는데 그는 여호와 보시기에 악을 행하고 애굽왕 바로 느고에 의해 엘리아김(여호야김으로 개명 당함)에게 왕위를 물려주게 된다.

바벨론의 느부갓네살이 쳐들어오자 여호야김이 그를 삼년 섬기고 그 후 여호야긴이 통치한다. 아들 시드기야왕은 악을 행한다. 예루살렘은 바벨론에 포로 되어 시드기야의 자녀들은 죽임을 당하고 그는 눈을 뽑히고 포로로 잡혀간다. 성전을 불사르고 기구를 가져가고 백성들을 학살하고 유다는 멸망하게 된다.

〈열왕기하 18장~25장〉

팔풍취동(八風吹動)

사람의 마음을 동요시키는
여덟 가지의 바람
이·쇠·훼·예(利·衰·毁·譽)
칭·기·고·락(稱·譏·苦·樂)

여기에 흔들리지 않는 사람이
하늘·땅의 사랑을 받는다.

역대상

역대 상·하에는
아담으로부터 다윗까지의 족보와
다윗의 통치
솔로몬의 정치
유다 여러 왕들의
사적에 대하여 기록하였는데
앞의 열왕기가 정치적·군사적·사실적인데 반하여
역대는 유다의 정신적·종교적 역사가 중심이다.

I. 아담과 아브라함의 계보

아담·셋·에노스·게난·마할랄렐·야렛·에녹·므두셀라·라멕·노아·셈·함·야벳,

야벳의 아들은 고멜과 마곡·마대·야완·두발·메섹·디라스이고

고멜의 아들은 아스그나스·디밧·도갈마이고

야완의 아들은 엘리사와 다시스·깃딤·도다님이더라
함의 아들은 구스와 미스라임·붓·가나안
구스의 아들은 스바와 하윌라·삽다·라아마·삽드가
라아마의 아들은 스바·드단·니므롯이니
세상에 처음 영걸한 자이고,
미스라임은 루딤·아나밈·르하빔·납두힘
바드루심·가슬루힘·갑도림
블레셋 족속은 가슬루힘에게서 나왔다.

〈역대상 1:1~12〉

채득백화(採得百花)

벌 한 마리가 백 가지 꽃을 따
단 꿀을 만드니
열화(烈火) 같은 불길이
전등(傳燈)처럼 퍼졌다.

가나안은 맏아들 시돈과 헷을 낳고
또 여부스족속과 아모리족·기르가스족·히위족·
알가족·신족·아르왓족·스말족·하맛족을 낳았으며
셈의 아들은 엘람과 앗수르 아르박삿과
룻·아람·우스·훌·게델·메섹이다.
아르박삿은 셀라를 낳고 셀라는 에벨,
에벨은 벨렉과 욕단을 낳았는데
욕단이 알모닷과 셀렙·하살마웻·예라·하도람·우살·디글
라·에발·아비마엘·스바·오빌·하윌라·요밥을 낳았다.

셈·아르박삿·셀라·에벨·벨렉·르우·스룩·나홀·데라·
아브람(아브라함)을 낳았다.

〈역대상 1:13~27〉

부자일가(父子一家)

아버지와 아들이
한 집안을 형성하나
잘난 사람 못난 사람
두각(頭角)이 쟁쟁하다.

아브라함은 이삭·이스마엘
이스마엘은 느바욧·게달·앗브엘·밉삽·미스마·
두마·맛사·하닷·데마·여둘·나비스·게드마,
아브라함의 첩 그두라가 낳은 아들은
시므란·욕산·므단·미디안·이스박·수아,
욕산의 아들은 스바·드단
미디안의 아들은 에바와 에벨·하녹·아비다·엘다아,
아브라함이 이삭을 낳으니
이삭은 에서와 이스라엘,
에서의 아들은 엘리바스 르우엘·여우스·얄람 고라
엘리바스의 아들은
데만·오말·스비·가담·그나스·딤나·아말렉이고
르우엘의 아들은 나핫·세라·삼마·밋사
세일의 아들은
로단·소발·시브온·아나·디손·에셀·디산이요

로단의 아들은 호리·호맘이며
로단의 누이는 딤나
소발의 아들은 알랸·마나핫·에발·스비·오남
시브온의 아들은 아야·아나,
아나의 아들은 디손이다.
디손의 아들은 하므란·에스반·이드란·그란이고
에셀의 아들은 빌한·사아완·야아간,
디산의 아들은 우스·아란이었다.

〈역대상 1:28~42〉

동체대비(同體大悲)

본 바탕이 같기 때문에
서로 사랑하나

메아리 그림자가 서로 따라
짓는 대로 과보를 받았다.

이스라엘 자손을 치리한 왕이 있기 전에 에돔 땅을 다스린 왕
이 있었으니 브올의 아들 벨라로 그 도성은 딘하바였다.
　벨라가 죽자 보스라 세라의 아들 요밥이 대신하여 왕이 되었고,
　요밥이 죽자 데만족인 후삼이 대신하여 왕이 되었다.
　후삼이 죽자 브닷의 아들 하닷이 대신하여 왕이 되었고,
　하닷은 모압들에서 미디안을 친 자로 그 도성은 아윗이며
　하닷이 죽자 마스레가의 사믈라가 대신하여 왕이 되었다.
　사믈라가 죽자 하숫가의 르호봇 사울이 대신하여 왕이 되었고

사울이 죽자 악볼의 아들 바알하난이 대신하여 왕이 되었고,

바알하난이 죽자 하닷이 대신하여 왕이 되었으니 그 도성은 바이요 그 아내는 므헤다벨이니 메사합의 손녀요 마드렛의 딸이었다.

하닷이 죽은 후에 에돔의 족장은 딤나와 알랴·여뎃·오홀리바마·엘라·비논·그나스·데만·밉살·막디엘·이람족장이 있었다.

〈역대상 1:43~54〉

무주진주처(無住眞住處)

주소 없는 것이
진짜 주소다.

주소 없는 곳에
주소가 생기니

가는 곳마다
새 주소로다.

2. 이스라엘의 아들 유다 지파

이스라엘의 아들은 르우벤과 시므온·레위·유다·잇사갈·스불론·단·요셉·베냐민·납달리·갓·아셀이다.

유다의 아들은 에르와 오난·셀라니 이 세 사람은 가나안 사람 수아의 딸이 유다로 말미암아 낳은 자요

유다의 맏아들 에르는 여호와 보시기에 악하였으므로 여호와께서 죽이셨고,

유다의 며느리 다말이 유다로 말미암아 베레스와 세라를 낳았으니 유다의 아들이 모두 다섯이었다.

베레스의 아들은 헤스론과 하물이고

세라의 아들은 시므리와 에단·헤만·갈골·다라 모두 다섯 사람이고

가르미의 아들은 아갈이니 저는 마땅히 멸할 물건으로 인하여 이스라엘을 괴롭게 한 자며,

에단의 아들은 아사랴였다.

헤스론의 아들은 여라므엘과 람·글루배다.

람은 암미나답을 낳았고 암미나답은 나손을 낳았으니 나손은 유다 자손의 방백이다.

나손은 살마를 낳았고 살마는 보아스,

보아스는 오벳, 오벳은 이새,

이새는 엘리압과 아비나답·시므아·느다넬·랏대·오셈·다윗을 낳았으며, 저희의 자매는 스루야와 아비가일이다.

공화기멸(空華起滅)

허공에서 환화(幻化)가
일어났다 꺼지니
생각생각에
깨달음이로다.

스루야의 아들은 아비새와 요압·아사헬 3형제이고,

아비가일은 아마사를 낳았으니 아마사의 아비는 이스마엘 사람 예델이었다.

헤스론의 아들 갈렙이 그 아내 아수바와 여리옷에게서 아들을 낳았으니 그 아들들은 예셀과 소밥·아르돈이며, 아수바가 죽은 후에 갈렙이 또 에브랏에게 장가들어 훌을 낳았다.

훌은 우리를 낳았고 우리는 브살렐을 낳았다.

그 후에 헤스론이 60세에 길르앗의 아비 마길의 딸에게 장가들어 스굽을 낳았으며,

스굽은 야일을 낳았는데, 야일은 길르앗 땅에서 스물 세 성읍을 가졌다.

그술과 아람이 야일의 성읍들과 그낫과 그 성들 모두 60을 그들에게서 빼앗았으며 저희는 다 길르앗의 아비 마길의 자손이었다.

헤스론이 갈렙 에브라다에서 죽은 후에 그 아내 아비야가 그로 말미암아 아스훌을 낳았으니 아스훌은 드고아의 아비였다.

〈역대상 2:1~24〉

은애상박(恩愛相縛)

은혜와 사랑이
한데 어울려 있으니
기진요요(機塵擾擾)
티끌이 일어났다 앉았다 한이 없어라.

헤스론의 맏아들 여라므엘의 아들은 람과 그 다음 브나와 오렌·오셈·아히야며,

여라므엘이 다른 아내가 있었으니 이름이 아다라였다.
저는 오남의 어미가 되었다.
여라므엘의 맏아들 람의 아들은 마아스와 야민과 에겔이고,
오남의 아들들은 삼매와 야다이고
삼매의 아들은 나답과 아비술이며,
아비술 아내의 이름은 아비하일이다. 저가 아반과
몰릿을 낳았으며 나답의 아들은 셀렛과 압바임이었다.
셀렛은 아들이 없이 죽었고 압바임의 아들은 이시요,
이시의 아들은 세산이요,
세산의 아들은 알래요,
삼매의 아우 야다의 아들은 예델과 요나단이다.
예델은 아들이 없이 죽었고
요나단의 아들은 벨렛과 사사라, 여라므엘의 자손은 세산은 아들이 없고 딸 뿐이라 그에게 야르하라 하는 애굽 종이 있었으므로 딸을 그에게 주어 앗대를 낳았고
앗대는 나단, 나단은 사밧, 사밧은 에블랄, 에블랄은 오벳, 오벳은 예후, 예후는 아사랴, 아사랴는 헬레스, 헬레스는 엘르아사, 엘르아사는 시스매, 시스매는 살룸, 살룸은 여가먀, 여가먀는 엘리사마를 낳았다.

〈역대상 2:25~41〉

수본진심(守本眞心)

각기 진심을 지키니
맑은 물에 고기가 노는 식이다.

인과 죄복이 어디서 오는가
공중의 메아리소리다.

　여라므엘의 아우 갈렙의 아들은 메사니 십의 아비요 그 아들은 마레사니 헤브론의 아비며 헤브론의 아들은 고라와 답부아·레겜·세마다.
　세마는 라함을 낳았으니 라함은 요르그암의 아비며, 레겜은 삼매, 삼매의 아들 마온이다.
　마온은 벳술의 아비며 갈렙의 첩 에바는 하란과 모사·가세스를 낳았고,
　하란은 가세스를 낳았고
　야대의 아들은 레겜과 요단·게산·벨렛·에바와 사압이며,
　갈렙의 첩 마아가는 세벨과 디르하나를 낳았고, 또 맛만나의 아비 사압을 낳았으며, 또 막베나와 기브아의 아비 스와를 낳았고, 갈렙의 딸은 악사였다.
　갈렙의 자손 곧 에브라다의 맏아들 훌의 아들은 기럇여아림의 아비 소발과 베들레헴의 아비 살마와 벧가델의 아비 하렙이다.
　기럇여아림의 아비 소발의 자손은 하로에와 므누홋 사람의 절반이니 기럇여아림 족속들은 이델족·붓족·수맛족·미스라족이다.
　이로 말미암아 소라와 에스다올 두 족이 나왔으며, 살마의 자손들은 베들레헴과 느도바족 아다롯벳요압과 마하낫족의 절반과 소라족, 야베스에 거한 서기관 족속 곧 디랏족과 시므앗족·수갓족속이다. 이는 다 레갑의 집 조상 함맛에게서 나온 겐 족속이다.
〈역대상 2:42~55〉

진실여상（眞實如常）

참되고
한결같은 마음이여
한 눈이 밝아지면
천지가 밝아지고
한 사람이 깨달으면
만인이 깨닫는다.

3. 다윗과 솔로몬의 자손들

다윗이 헤브론에서 낳은 맏아들은 암논이다. 이스르엘 여인 아히노암의 소생이고 둘째 다니엘은 갈멜 여인 아비가일의 소생이며, 셋째 압살롬은 그술왕 달매의 딸 마아가의 아들이고, 넷째 아도니야는 학깃의 아들이고, 다섯째는 스바댜는 아비달의 소생이고, 여섯째는 이드르암은 다윗의 아내 에글라의 소생이다.

이 여섯은 다윗이 헤브론에서 낳은 자다. 다윗이 거기서 7년 6개월을 치리하였고, 또 예루살렘에서 33년을 치리하였다.

예루살렘에서 낳은 아들들은 시므아와 소밥·나단·솔로몬 네 사람은 다 암미엘의 딸 밧수아의 소생이고, 또 입할과 엘리사마, 엘리벨렛, 노가와 네벡과 야비아와 엘리사마와 엘랴다와 엘리벨렛 등 아홉 사람은 다 다윗의 아들이고, 저희의 누이는 다말이며 이 외에도 첩의 아들들이 있었다.

〈역대상 3:1~9〉

병진약제(病盡藥除)

병이 다해 약이 필요 없으니
성상(性相)이 함께 밝아지도다.

어지러운 세계에서 벗어나니
어두운 세계가 차차 가시게 되었다.

솔로몬의 아들은 르호보암이고, 그 아들은 아비야, 그 아들은
아사, 그 아들은 여호사밧, 그 아들은 요람, 그 아들은 아맛, 그
아들은 아사랴, 그 아들은 요담, 그 아들은 아하시야, 그 아들은
요아스, 그 아들은 아마샤, 그 아들은 아사랴, 그 아들은 요담, 그
아들은 아하스, 그 아들은 히스기야, 그 아들은 므낫세, 그 아들
은 아몬, 그 아들은 요시야, 요시야의 아들들은 요하난·여호야김
·시드기야·살룸이다.
　여호야김의 아들들은 그 아들 여고냐, 그 아들 시드기야요 사
로잡혀 간 여고냐의 아들들은 그 아들 스알디엘과 말기람·브다
야·세낫살·여가먀·호사마·느다뱌다.
　브다야의 아들들은 스룹바벨과 시므이, 스룹바벨의 아들들은
므슬람과 하나냐와 그 매제 슬로밋과 또 하수바와 오헬과 베레갸
와 하사댜와 유삽헤셋 다섯 사람이고, 하나냐의 아들은 블라댜와
여사야요, 또 르바야의 아들은 아르난의 아들들, 오바댜의 아들
들, 스가냐의 아들들이니 스가냐의 아들은 스마야요 스마야의 아
들들은 핫두스와 이갈과 바리야와 느아랴와 사밧 여섯 사람이고,
느아랴의 아들들은 에료에내와 히스기야, 아스리감 세 사람이다.
　에료에내의 아들들은 호다위야와 엘리아십과 블라야·악굽·

요하난 · 들라야 · 아나니 일곱 사람이다.

〈역대상 3:10~24〉

무성한 기업(枝葉茂盛)

가지에서 가지가 나고
가지에서 가지가 나

꽃과 열매가 무성하니
이스라엘 역사를
한 나무 속에서 보겠노라.

4. 여러 가지 지파들

유다의 아들들은 베레스와 헤스론 · 갈미 · 훌 · 소발이다.
소발의 아들 르아야는 야핫을 낳았고,
야핫은 아후매 · 라핫을 낳았으니 이는 소라족이며,
에담 조상의 자손들은 이스르엘과 이스마 · 잇바스 저희의 매
제 하슬렐보니와 그돌의 아비 브누엘과 후사의 아비 에셀이니 이
는 다 베들레헴의 아비 에브라다의 맏아들 훌의 소생이다.
드고아의 아비 아스훌의 두 아내는 헬라와 나아라인데 나아라
는 아훗삼과 헤벨 · 데므니 · 하아하스다리를 낳았는데, 나아라의
소생이다.
헬라의 아들들은 세렛과 이소할 · 에드난이며,
고스는 아눕과 소베바와 하룸의 아들 아하헬족을 낳았으며,

역대(상) **135**

야베스는 그 형제보다 존귀한 자라 그 어미가 이름하여 야베
스라 하였다.

야베스가 이스라엘 하나님께 아뢰어 가로되 "원컨대 주께서
내게 복에 복을 더하사 나의 지경을 넓히시고 주의 손으로 나를
도우사 나로 환난을 벗어나 근심이 없게 하옵소서" 하니, 하나님
이 그 구하는 것을 허락하셨다.

〈역대상 4:1~10〉

기자수복(祈者受福)

비는 자에게 복이 온다.
빈 소리만 하는 사람은

증사작반(蒸沙作飯)이라
모래를 쪄서 밥을 짓는 것 같다.

수하의 형 글룹이 므힐을 낳았으니
므힐은 에스돈의 아비요
에스돈은 베드라바와 바세아와 이르나하스의 아비
드힌나를 낳았으니 이는 다 레가 사람이며,
그나스의 아들들은 옷니엘과 스라야요
옷니엘의 아들은 하닷이며
므오노대는 오브라를 낳았고
스라야는 요압을 낳았으니 요압은 게하라심의 조상이라.
저희들의 직업은 공장(工匠)이었다.
여분네의 아들 갈렙의 자손은

이룩와 엘리와 나암과 엘라의 자손과 그나스요

여할렐렐의 아들은 십·시바·디리아·아사렐이고,

에스라의 아들들은 예델과 메렛·에벨·얄론이며,

메렛은 미리암과 삼매와 에스드모아의 조상 이스바를 낳았으니 이는 메렛의 취한 바로의 딸 비디아의 아들들이며, 또 그 아내 여후디야는 그돌의 조상 예렛과 소고의 조상 헤벨과 사노아의 조상 여구디엘을 낳았으며,

나함의 누이인 호디야의 아내 아들들은 가미 사람 그일라의 아비와 마아가 사람 에스드모아며

시몬의 아들들은 암논과 린나와 벤하난과 딜론이요

이시의 아들들은 소헷과 벤소헷이었다.

유다의 아들 셀라의 자손은 레가의 아비 에르와 마레사의 아비 라아다와 세마포 짜는 자의 집 곧 아스베야의 집 족속과 또 요김과 고세바 사람들과 요아스와 모압을 다스리던 사람과 야수비네헴이니 이는 다 옛 기록에 의지한 것이라.

이 모든 사람은 옹기장이가 되어 수풀과 산을 가운데 거하는 자로서 거기서 왕과 함께 거하여 왕의 일을 하였더라.

〈역대상 4:11~23〉

타향고인(他鄕古人)

타향에서 고향 사람을 만나니

가뭄에 비를 만난 것 같다.

하늘은 말이 없어도

사람이 대신 말을 하는구나.

시므온의 아들들은 느무엘과 야민·야립과 세라·사울이요.

사울의 아들은 살룸이고 그 아들은 밉삼, 그 아들은 미스마, 미스마의 아들은 함무엘, 그 아들은 삭굴, 그 아들은 시므이였다.

시므이는 아들 열여섯을 낳았으나 그 족속이 유다 자손처럼 번성하지 못하였다.

시므온 자손이 거한 곳은 브엘세바와 몰라다·하살수알·빌하·에셈·돌랏·브두엘·호르마·시글락·벧말가봇·하살수심·벧비리·사아라임이니 다윗왕 때까지 이 모든 성읍이 저희에게 속하였으며, 그 향촌은 에담과 아인·림몬·도겐·아산 다섯 성읍이고, 또 그 각 성읍 사면에 촌이 있어 바알까지 미쳤다.

또 메소밥과 야믈렉과 아마시야의 아들 요사와 요엘, 아시엘의 증손 스라야의 손자 요시비야의 아들 예후와 또 엘료에내와 야아고바·여소하야·아사야·아디엘·여시미엘·브나야와 또 스마야의 5대손 시므리의 현손 여다야의 증손 알론의 손자 시비의 아들 시사니 이 위에 녹명된 자는 다 그 본족의 족장이라 그 종족이 더욱 번성한지라 저희가 그 양떼를 위하여 목장을 구하고자 하여 골짜기에 동편 그돌 지경에 이르러 아름답고 기름진 목장을 발견하였는데, 그 땅이 광활하고 안정하니 이는 옛적부터 거기 거한 사람은 함의 자손인 까닭이라.

이 위에 녹명된 자가 유다왕 히스기야 때에 가서 저희의 장막을 쳐서 파하고 거기 있는 모우님 사람을 쳐서 진멸하고 대신하여 오늘까지 거기 거하였으니 이는 그 양떼를 먹일 목장이 거기 있음이며 또 시므온 자손 중에 5백 명이 이시의 아들 블라다와 느아랴·르바야와 웃시엘로 두목을 삼고 세일산으로 가서 피하여 남아 있는 아말렉 사람을 치고 오늘까지 거기 거하였다.

〈역대상 4:24~43〉

녹음방초(綠陰芳草)

녹음방초 우거진 곳에
방목하여 사는 사람들

상락천당(常樂天堂)
항상 천당의 즐거움을 맛보았다.

　이스라엘의 장자 르우벤의 아들들은 그 아비의 침상을 더럽게
하였으므로 장자의 명분이 이스라엘의 아들 요셉의 자손에게로
돌아갔으나 족보에는 장자의 명분대로 기록할 것이 아니다 하였다.
　유다는 형제보다 뛰어나고 주권자가 유다로 말미암아 났을지
라도 장자의 명분은 요셉에게 있었다. 이스라엘의 장자 르우벤의
아들들은 하녹과 발루·헤스론·갈미이고, 요엘의 아들은 스마야
요, 그 아들은 곡, 그 아들은 시므이, 그 아들은 미가, 그 아들은
르아야, 그 아들은 바알, 그 아들은 브에라니 저는 르우벤 자손의
두목으로서 앗수르왕 디글랏빌레셀에게 사로잡힌 자다.
　저의 형제가 종족과 계보대로 족장 된 자는 여이엘과 스가랴
와 벨라니 벨라는 아사스의 아들이요 세마의 손자요 요엘의 증손
이다. 저가 아로엘에 살면서 느보와 바알므온까지 미쳤고, 또 동
으로 가서는 유브라데강에서부터 광야 지경까지 미쳤으니 이는
길르앗 땅에서 그 생축이 번식함이라. 사울왕 때에 저희가 하갈
사람으로 더불어 싸워 쳐 죽이고 길르앗 동편 온 땅에서 장막에
거하였던 것이다.

〈역대상 5:1~10〉

철벽무문(鐵壁無門)

철벽에 문이 없으나
자손이 창화(唱和)

지극히 즐거워
근심걱정이 없었다.

갓 자손은 르우벤 사람을 마주 대하여 바산 땅에 거하여 살르가까지 미쳤으니 족장은 요엘이요 다음은 사밤이요 또 야내와 바산에 거한 사밧이요 그 족속 형제에는 미가엘과 므술람과 세바와 요래와 야간과 시아와 에벨 7명이니 이는 다 아비하일의 아들이라.

아비하일은 후리의 아들이요 야로아의 손자요 길르앗의 증손이요 미가엘의 현손이요 여시새의 5대손이요 야도의 6대손이요 부스의 7대손이며,

또 구니의 손자 압디엘의 아들 아히가 족장이 되었고, 저희가 바산 길르앗과 그 향촌과 사론의 모든 들에 거하여 그 사방 변경에 비쳤더라.

〈역대상 5:11~16〉

충즉진명(忠則盡命)

충성은
목숨을 아끼지 않는 데 있다.

충효를 행할 때는
깊은 물에 드는 듯하고 살얼음을 밟듯 한다.

르우벤 자손과 갓 사람과 므낫세 반 지파의 나가 싸울 만한 용사 곧 방패와 칼을 들며 활을 당기어 싸움에 익숙한 자가 4만4천7백60인이라 저희가 하갈 사람과 여두르와 나비스와 노답과 싸우는 중에 도우심을 입었으므로 하갈 사람과 그와 함께한 자들이 다 저희 손에 패하였으니 이는 저희가 싸울 때에 하나님께 의뢰하고 부르짖음을 하나님이 들으셨음이라 저희가 대적의 짐승 곧 약대 5만과 양 25만과 나귀 2천을 빼앗으며 사람 10만을 사로잡았고 죽임을 당한 자가 많았으니 이 싸움이 하나님께로 말미암았음이라 저희가 그 땅에 거하여 사로잡힐 때까지 이르렀더라.

므낫세 반 지파 자손들이 그 땅에 거하여 번성하여 바산에서부터 바알헤르몬과 스닐과 헤르몬산까지 미쳤으며, 그 족장은 에벨과 이시와 엘리엘과 아스리엘과 예레미야와 호다위야와 야디엘로 모두 용력이 유명한 족장이었다.

저희가 그 열조의 하나님께 범죄하여 하나님이 저희 앞에서 멸하신 그 땅 백성의 신들을 간음하듯 섬긴지라 그러므로 이스라엘 하나님이 앗수르 왕에게 불의 마음을 일으키시며 앗수르왕 디글랏빌레셀의 마음을 일으키시매 곧 르우벤과 갓과 므낫세 반 지파를 사로잡아 할라와 하볼과 하라와 고산 하숫가로 옮긴지라 저희가 오늘날까지 거기 살고 있는 것이다.

〈역대상 5:18~26〉

뇌란정법(惱亂正法)

뇌란 속에서도
정법을 지키니

기쁨 따라서
복이 왔다.

레위의 아들들은 게르손과 그핫·므라리이고,
그핫의 아들들은 아므람과 이스할·헤브론과 웃시엘이요,
아므람의 자녀는 아론과 모세·미리암이고,
아론의 아들들은 나답과 아비후·엘르아살·이다말이며,
엘르아살은 비느하스를 낳았고 비느하스는 아비수아, 아비수아
는 북기, 북기는 웃시, 웃시는 스라히야, 스라히야는 므라욧, 므라
욧은 아마랴, 아마랴는 아히둡, 아히둡은 사독, 사독은 아히마아
스, 아히마아스는 아사랴, 아사랴는 요하난, 요하난은 아사랴를
낳았으니 이 아사랴는 솔로몬이 예루살렘에 세운 전에서 제사장
의 직분을 행한 자다.
아사랴는 아마랴를 낳았고 아마랴는 아히둡, 아히둡은 사독,
사독은 살룸, 살룸은 힐기야, 힐기야는 아사랴, 아사랴는 스라야,
스라야는 여호사닥을 낳았다.
여호와께서 느부갓네살의 손으로 유다와 예루살렘 백성을 옮
기실 때에 여호사닥도 갔었더라.
레위의 아들들은 게르손과 그핫과 므라리며,
게르손의 아들은 립니와 시므이고
그핫의 아들들은 아므람과 이스할·헤브론·웃시엘이고,
므라리의 아들들은 말리와 무시라였다.
〈역대상 6:1~19〉

사란사형(似蘭斯馨)

난초와 같은 군자는
그 향기가 천리에 사무친다.
지조의 덕망은
무성한 소나무 같다.

또 게르손에게서 난 자는 립니요, 그 아들들은 야핫, 그 아들은 심마, 그 아들은 요아, 그 아들은 잇도, 그 아들은 세라, 그 아들은 여아드래며
그핫에게서 난 자는 곧 그 아들 암미나답이고, 그 아들은 고라, 그 아들은 앗실, 그 아들은 엘가나, 그 아들은 에비아삽, 그 아들은 앗실, 그 아들은 다핫, 그 아들은 우리엘, 그 아들은 웃시야, 그 아들은 사울이며,
엘가나의 아들들은 아마새와 아히못이다.
엘가나로 말하면 그 아들은 소배요, 그 아들은 나핫, 그 아들은 엘리압, 그 아들은 여로함, 그 아들은 엘가나다.
사무엘의 아들들은 맏아들 요엘과 다음은 아비야며, 므라리에게서 난 자는 말리요, 그 아들은 립니, 그 아들은 시므이, 그 아들은 웃사, 그 아들은 시므아, 그 아들은 학기야, 그 아들은 아사야였다.

〈역대상 6:20~30〉

석화전광(石火電光)

인류의 역사는 하늘에 비하면
들불 벼락불 같다.

섭심(攝心)으로 계를 삼고
머리에 불 끄듯 사는 사람이
천명을 어기지 않게 된다.

언약궤가 평안한 곳을 얻은 후에 다윗이 무리들을 내세워 여
호와의 집에서 찬송하는 일을 맡게 하매 솔로몬이 예루살렘에서
여호와의 전을 세울 때까지 저희가 회막 앞에서 찬송하는 일을
행하되 그 반열대로 직무를 행하였다. 직무를 행하는 자는 그핫
의 자손 중에 헤만이 찬송을 맡았다.

저는 요엘의 아들이고, 요엘은 사무엘, 사무엘은 엘가나, 엘가
나는 여로함, 여로함은 엘리엘, 엘리엘은 도아, 도아는 숩, 숩은
엘가나, 엘가나는 마핫, 마핫은 아마새, 아마새는 엘가나, 엘가나
는 요엘, 요엘은 아사랴, 아사랴는 스바냐, 스바냐는 다핫, 다핫은
앗실, 앗실은 에비아삽, 에비아삽은 고라, 고라는 이스할, 이스할
은 그핫, 그핫은 레위, 레위는 이스라엘, 헤만의 형제 아삽은 헤
만의 우편에서 직무를 행하였으니 저는 베레갸의 아들이요, 베레
갸는 시므아, 시므아는 미가엘, 미가엘은 바아세야, 바아세야는
말기야, 말기야는 에드니, 에드니는 세라, 세라는 아다야, 아다야
는 에단, 에단은 심마, 심마는 시므이, 시므이는 야핫, 야핫은 게
르손, 게르손은 레위, 저희의 형제 므라리의 자손 중 그 좌편에서
직무를 행하는 자는 에단이라. 에단은 기시의 아들이요 기시는
압디, 압디는 말룩, 말룩은 하사뱌, 하사뱌는 아마시야, 아마시야
는 힐기야, 힐기야는 암시, 암시는 바니, 바니는 세멜, 세멜은 말
리, 말리는 무시, 무시는 므라리, 므라리는 레위, 저희의 형제 레
위 사람들은 하나님의 집 장막의 모든 일을 맡았었다.

〈역대상 6:31~48〉

144 성서선해

희열찬송(喜悅讚頌)

기쁨에 찬 찬송은
세상을 기쁘게 하는 것이다.

집을 보살피고 도량을 청소하는 것도
모두가 찬송의 한 부분이다.

아론과 그 자손들은 번제단과 향단 위에 분향하며 제사를 드
리며 지성소의 모든 일을 하여 하나님의 종 모세의 모든 명대로
이스라엘을 위하여 속죄하니 아론의 아들은 엘르아살이요, 그 아
들은 비느하스, 그 아들은 아비수아, 그 아들은 북기, 그 아들은
웃시, 그 아들은 스라히야, 그 아들은 므라욧, 그 아들은 아마랴,
그 아들은 아히둡, 그 아들은 사독, 그 아들은 아히마아스이다.
　저희들이 산 곳은 사방 지경 안에 있었으니 아론 자손 곧 그
핫 족속이 먼저 제비 뽑았으므로 저희에게 유다 땅의 헤브론과
그 사방 들을 주었고, 그 성의 밭과 향리는 여분네의 아들 갈렙
에게 주었으며, 아론 자손에게 도피성을 주었으니 헤브론과 립나
와 그 들과 얏딜과 에스드모아와 그 들과 힐렌과 그들과 드빌과
그 들과 아산과 그 들과 벧세메스와 그 들이며, 또 베냐민 지파
중에서는 게바와 그 들과 알레멧과 그 들과 아나돗과 그 들을 주
었으니 그 족속의 얻은 성이 모두 13이었다.
　그핫 자손의 남은 자에게는 므낫세 반 지파 족속 중에서 제비
뽑아 10성을 주었고, 게르손 자손에게는 그 족속대로 잇사갈 지
파와 아셀 지파와 납달리 지파와 바산에 있는 므낫세 지파 중에
서 13성을 주었고, 므라리 자손에게는 그 족속대로 르우벤 지파

와 갓 지파와 스불론 지파 중에서 제비 뽑아 12성을 주었다.

이스라엘 자손이 이 모든 성과 그 들을 레위 자손에게 주되
유다 자손의 지파와 시므온 자손의 지파와 베냐민 자손의 지파
중에서 이 위에 기록한 여러 성을 제비 뽑아 주었다.

〈역대상 6:49~65〉

관용불침(官容不針)

관에서는 바늘 하나도 용납지 않으나
사사롭게는 거마(車馬) 왔다 갔다.

당장에 먹는 놈도 있고
차례대로 먹는 놈도 있지만.

그핫 자손 몇 족속은 에브라임 지파 중에서 성을 얻어 영지를
삼았으며, 또 저희에게 도피성을 주었으니 에브라임 산중 세겜·
게셀·욕므암·벧호론·아얄론·가드림몬과 그 들이며, 또 그핫
자손의 남은 족속에게는 므낫세 반 지파 중에서 아넬과 그 들과
빌르암과 그 들을 주었다.

게르손 자손에게는 므낫세 반 지파 족속 중에서 바산의 골란
·아스다롯을 주었고, 또 잇사갈 지파 중에서 게데스·다브랏·
라못·아넴과 그 들을 주었고, 아셀 지파 중에서 마살·압돈·후
곡·르홉과 그 들을 주었고, 납달리 지파 중에서 갈릴리의 게데
스·함몬·기랴다임을 주었다.

므라리 자손의 남은 자에게는 스불론 지파 중에서 림모노·다
볼을 주었고, 또 요단 건너 동편 곧 여리고 맞은편 르우벤 지파

중에서 광야의 베셀·야사·그데못·메바앗을 주었고, 또 갓 지
파 중에서 길르앗의 라못·마하나임·헤스본·야셀을 주었다.

〈역대 상 6:66~79〉

첨지착분(添脂着粉)

연지 찍고 곤지 찍고
각기 본분대로 드러내니
잡된 말 마군의 업이
모두 같이 한 맛을 이루었다.

잇사갈의 아들들은 돌라와 부아와 야숩과 시므론 네 사람이며,
돌라의 아들들은 웃시와 르바야와 여리엘과 야매와 입삼과 스므
엘이니 다 그 아비 돌라의 집 족장들이다. 대대로 용사더니 다윗
때에 이르러는 그 수효가 2만2천6백 명이나 되었다. 웃시의 아들
은 이스라히야요, 이스라히야의 아들들은 미가엘과 오바댜와 요
엘과 잇시야 다섯 사람이 모두 족장이며, 저희와 함께 한 자는
그 보계와 종족대로 능히 출전할 만한 군대가 3만6천인이니 이는
그 처자가 많은 연고며, 그 형제 잇사갈의 모든 종족은 다 큰 용
사라 그 보계대로 계수하면 8만7천인이나 되었다.
베냐민의 아들들은 벨라와 베겔과 여디아엘 세 사람이며, 벨라
의 아들들은 에스본과 우시와 웃시엘과 여리못과 이리 다섯 사람
이니 다 그 집의 족장이요 큰 용사였는데, 그 보계대로 계수하면
2만2천3십4인이었다.
베겔의 아들들은 스미라와 요아스와 엘리에셀과 엘료에내와
오므리와 여레못과 아비야와 아나돗과 알레멧이니 베겔의 아들들

은 이러하며, 저희는 다 그 집의 족장이요 큰 용사라 그 자손을
보계대로 계수하면 2만2백인이었다.

　여디아엘의 아들은 빌한이요 빌한의 아들들은 여우스와 베냐
민과 에훗과 그나아나와 세단과 다시스와 아히사할이니, 이 여디
아엘의 아들들은 그 집의 족장이요 큰 용사다. 그 자손 중에 능
히 출전할 만한 자가 1만7천2백인이나 되었다.

　일의 아들은 숩빔과 훕빔이요, 아헬의 아들은 후심이었다. 납
달리의 아들들은 야시엘과 구니와 예셀과 살룸이니 이는 빌하의
손자들이었다.

〈역대상 7:1~13〉

명주재장(明珠在掌)

각기 면목을 열어 보이니
밝은 구슬이 손바닥 안에 들어있는 것 같다.

오고 가는 것은 분주하지만
일없는 것만으로 다행했다.

　므낫세의 아들들 즉 그 처의 소생은 아스리엘이요 그 첩 아람
여인의 소생은 길르앗의 아비 마길이니 마길은 훕빔과 숩빔의 누
이 마아가라 하는 이에게 장가들었다.

　므낫세의 둘째 아들의 이름은 슬로브핫인데 슬로브핫은 딸들
만 낳았으며 마길의 아내 마아가는 아들을 낳아 그 이름을 베레
스라 하였으며, 그 아우는 이름이 세레스며 세레스의 아들은 울
람과 라겜이고 울람의 아들은 브단이니 이는 다 길르앗의 자손들

이다.

길르앗은 마길의 아들이요 므낫세의 손자며 그 누이 함몰레겟은 이스홋과 아비에셀과 말라를 낳았고 스미다의 아들은 아히안과 세겜과 릭히와 아니암이다.

에브라임의 아들은 수델라요 그 아들은 베렛이요 그 아들은 다핫이요 그 아들은 엘르아다요 그 아들은 다핫이요 그 아들은 사밧이요 그 아들은 수델라며 저가 또 에셀과 엘르앗을 낳았더니 저희가 가드 토인에게 죽임을 당하였으니 이는 저희가 내려가서 가드 사람의 짐승을 빼앗고자 한 까닭이었다.

그 아비 에브라임이 여러 날 슬퍼하므로 그 형제가 와서 위로하였다. 그 후에 에브라임이 그 아내와 동침하였더니 아내가 잉태하여 아들을 낳으니 그 집이 재앙을 받았으므로 그 이름을 브리아라 하였다. 에브라임의 딸은 세에라니 저가 아래 윗 벧호론과 우센세에라를 세웠다.

〈역대상 7:14~24〉

비불외곡(臂不外曲)

팔은 밖으로 굽지 않는다.
호란천착(胡亂穿鑿)하여도

그러나 만대에 의지해야 할 것은
한 가지 이치에서 들어난다.

브리아의 아들들은 레바와 레셉이요 레셉의 아들은 델라요 그 아들은 다한이요 그 아들은 라단이요 그 아들은 암미훗이요 그 아들은 엘리사마요 그 아들은 눈이요 그 아들은 여호수아다.

에브라임 자손의 산업과 거처는 벧엘과 그 향리다. 동에는 나아란이요 서에는 게셀과 그 향리이며, 또 세겜과 그 향리니 아사와 그 향리까지며, 또 므낫세 자손의 지경에 가까운 벧스안과 그 향리와 다아낙과 그 향리와 므깃도와 그 향리와 돌과 그 향리다. 이스라엘의 아들 요셉의 자손이 이렇게 여러 곳에서 살았다.

아셀의 아들들은 임나와 이스와·이스위·브리아다. 저희의 매제는 세라며 브리아의 아들들은 헤벨과 말기엘이니 말기엘은 비르사잇의 아비며 헤벨은 야블렛과 소멜과 호담과 저희의 매제 수아를 낳았으며, 야블렛의 아들들은 바삭과 빔할과 아스왓이다. 소멜의 아들들은 아히와 로가와 호바와 아람이요, 그 아우 헬렘의 아들들은 소바와 임나와 셀레스와 아말이다.

소바의 아들들은 수아와 하르네벨과 수알과 베리와 이므라와 베셀과 훗과 사마와 실사와 이드란과 브에라다. 예델의 아들들은 여분네와 비스바와 아라다.

울라의 아들들은 아라와 한니엘과 리시아니 이는 다 아셀의 자손으로 족장이요 뽑힌 큰 용사요 방백의 두목이라 출전할 만한 자를 그 보계대로 계수하면 2만6천인이었다.

〈역대상 7:25～40〉

운장심곡(雲藏深谷)

구름이 깊은 골을 덮으면
은밀한 것이 더욱 깊은 것 같다.
해는 하늘을 비추는데
사람들의 말은 가닥도 많다.

베냐민이 낳은 자는 벨라·아스벨·아하라·노하·라바며, 벨레에게서 앗달·게라·아비훗·아비수아·나아만·아호아·게라·스부반·후람이 나왔으며,

에훗의 아들들은 게바 거민의 족장으로서 사로잡아 마나핫으로 가되 곧 나아만과 아히야와 게라를 사로잡아 갔고 그가 또 웃사와 아히훗을 낳았으며, 사하라임은 두 아내 후심과 바아라를 내어보낸 후에 모압 땅에서 자녀를 낳았으니 그 아내 호데스에게서 요밥·시비야·메사·말감·여우스·사갸·미르마를 낳았는데 모두가 족장들이다.

또 아내 후심에게서 아비둡과 엘바알을 낳았으며, 엘바알의 아들들은 에벨과 미삼·세멧이니 저는 오노와 롯과 그 향리를 세웠고, 또 브리아와 세마 등은 아얄론 거민의 족장이 되어 가드 거민을 쫓아내었다.

〈역대상 8:1~13〉

분신작단(分身作段)

몸을 쪼개 가닥을 내니
생각한 것이 생각대로 이루어진다.
그러나 알고 보면 골육상쟁이라
찬 서리 위의 불꽃이로다.

아히요와 사삭과 여레못·스바댜·아랏·에델·미가엘·이스바·요하는 다 브리아의 아들들이요, 스바댜와 므슬람·히스기·헤벨·이스므래·이슬리아·요밥은 다 엘바알의 아들들이다.

야김과 시그리·삽디·엘리에내·실르대·엘리엘·아다야·브

라야·시므랏은 다 시므이의 아들들이요, 이스반과 에벨·엘리엘
·압돈·시그리·하난·하나냐·엘람·안도디야·이브드야·브누
엘은 다 사삭의 아들이다.

삼스래와 스하라·아달랴·야아레시야·엘리야·시그리는 다
여로함의 아들로 모두 족장으로 대대로 두목이 되어 예루살렘에
거하였다.

기브온의 조상 여이엘은 기브온에 거하였으니 그 아내의 이름
은 마아가며 장자는 압돈이고 다음은 술·기스·바알·나답·그
돌·아히오·세겔이며,

미글롯은 시므아를 낳았으며, 이 무리가 그 형제들로 더불어
예루살렘에 거하였다.

넬은 기스를 낳았고, 기스는 사울, 사울은 요나단과 말기수아
·아비나답·에스바알을 낳았으며,

요나단의 아들은 므립바알이다.

므립바알이 미가를 낳았고 미가의 아들들은 비돈·멜렉·다레
아·아하스며,

아하스는 여호앗다를 낳았고, 여호앗다는 알레멧과 아스마웻·
시므리를 낳았고,

시므리는 모사, 모사는 비느아, 비느아는 라바, 그 아들은 엘르
아사, 그 아들은 아셀, 아셀에게서 여섯 아들이 있었으니 아스리
감·보그루·이스마엘·스아랴·오바댜·하난이다.

그 아우 에섹의 아들은 울람·여우스·엘리벨렛이며, 울람의
아들은 다 큰 용사로 활을 잘 쏘는 자들로 아들과 손자까지 합하면
모두 1백5십 인이나 되었다. 이들이 모두 베냐민의 자손들이다.

〈역대상 8:14~40〉

전입가심(轉入可深)

들어갈수록 깊어지니
이스라엘 역사가 바다와 같다.

성성역력(惺惺歷歷)이요
밀밀면면(密密綿綿)이로다.

온 이스라엘이 그 보계대로 계수되고 이스라엘 열왕기에 기록
되었다. 유다가 범죄함을 인하여 바벨론으로 사로잡혀 갔더니 먼
저 그 본성으로 돌아와서 그 기업에 거한 자는 이스라엘 제사장
들과 레위 사람과 느디님 사람들이라
　유다 자손과 베냐민 자손과 에브라임·므낫세 자손 중에서 예
루살렘에 거한 자는 유다의 아들 베레스 자손 중에 우대니 저는
암미훗의 아들이요 오므리의 손자요 이므리의 증손이요 바니의
현손이다.
　세라 자손 중에서는 여우엘과 그 형제 6백9십 인이 있다.
　베냐민 자손 중에서는 핫스누아의 증손 호다위아의 손자 므술
람의 아들 살루요 여로함의 아들 이브느야와 미그리의 손자 웃시
의 아들 엘라다. 이브니야의 증손 르우엘의 손자 스바댜의 아들
무술람의 형제들을 계수하면 9백5십6인이나 되었는데 모두가 집
의 족장된 자들이다.
〈역대상 9:1∼9〉

결택정안(決擇正眼)

바른 눈을 결택하니

역대(상)　**153**

타파칠통(打破漆桶)이로다.

성중의 우유가
제호상미(醍醐上味)를 형성하였다.

제사장 중에서는 여다야와 여호야립과 야긴과 하나님의 전을
맡은 아사랴니 저는 힐기야의 아들이요 므술람의 손자요 사독의
증손이요 므라욧의 현손이요 아히둡의 5대 손이다.
또 아다야는 여로함의 아들이요 바스훌의 손자요 말기야의 증
손이며, 또 마아새는 아디엘의 아들이요 야세라의 손자요 므술람
의 증손이요 므실레밋의 현손이요 임멜의 5대 손으로 그 형제들
이 모두 다 그 집의 족장이 되었다. 그래서 하나님의 전의 일에
수종들 재능이 있는 자가 모두 1천7백6십이나 되었다.
레위 사람 중에서는 므라리 자손 스마야는 핫숩의 아들이요
아스리감의 손자요 하사뱌의 증손이며,
또 박박갈과 헤레스와 갈랄과 맛다냐는 미가의 아들이고 시그
리의 손자요 아삽의 증손이다.
또 오바댜는 스마야의 아들이고 갈랄의 손자요 여두둔의 증손
이며
또 베레갸는 아사의 아들이요 엘가나의 손자로 느도바 사람의
향리에 거하였다.

〈역대상 9:10~16〉

범성불이(凡聖不二)

범부와 성인이 둘이 아니라

스승을 인하여 격발하면
누구나 지도자가 되니
스승 가운데서는 하늘이 제일이로다.

문지기는 살룸과 악굽과 달몬과 아히만과 그 형제들이 섰으니 살룸이 그 두목이다. 이 사람들은 전에 왕의 문 동편 곧 레위 자손의 영의 문지기며 고라의 증손 에비아삽의 손자 고레의 아들 살룸과 그 종족 형제 곧 고라의 자손이 수종 드는 일을 맡아 성막 문들을 지켰다.

여호와께서 함께 하신 엘르아살의 아들 비느하스가 옛적에 그 무리를 거느렸고, 므셀레먀의 아들 스가랴는 회막 문지기가 되었다. 이렇게 택함을 입어 문지기 된 자가 모두 2백12이니, 이는 그 향리에서 그 보계대로 계수된 자로 다윗과 선견자 사무엘이 전에 세워서 이 직분을 맡긴 자라 저희와 그 자손이 그 반열을 좇아 여호와의 전 곧 성막문을 지켰다. 이 문지기가 동서남북 사방에 섰고 그 향리에 있는 형제들은 7일 마다 와서 함께하니 이는 문지기의 두목 된 레위 사람 넷이 긴요한 직분을 맡아 하나님의 전 모든 방과 곳간을 지켰다.

저희는 하나님의 전을 맡은 직분이 있으므로 전 사면에 유하며 아침마다 문을 여는 책임을 졌다.

그 중에 어떤 자는 섬기는 데 쓰는 기명을 맡아서 그 수효대로 들어가고 수효대로 내어오며, 또 어떤 자는 성소의 기구와 모든 기명과 고운 가루와 포도주와 기름과 유향과 향품을 맡았으며, 또 제사장의 아들 중에 어떤 자는 향품으로 향기름을 만들었으며, 고라 자손 살룸의 장자 맛디댜라 하는 레위 사람은 남비에 지지는 것을 맡았으며, 또 그 형제 그핫 자손 중에 어떤 자는 진설하는 떡을 맡아 안식일마다 준비하였다.

또 찬송하는 자가 있으니 곧 레위 족장이다. 저희가 골방에 거하여 주야로 자기 직분에 골몰하므로 다른 일은 하지 아니하였다. 이상은 대대로 레위의 족장이요 으뜸이라 예루살렘에 거하였다.

〈역대상 9:17~34〉

호법신장(護法神將)

진리를 옹호하는 신장들이
동·서·남·북으로 에워싸고 있으니

밝고 밝아
털끝만한 틈도 보이지 않았다.

기브온의 조상 여이엘은 기브온에 거하였으니 그 아내의 이름은 마아가라 그 장자는 압돈이요 다음은 술·기스·바알·넬·나답·그돌·아히오·스가랴·미글롯이며,

미글롯은 시므암을 낳았으니 이 무리도 그 형제로 더불어 서로 대하여 예루살렘에 거하였다.

넬은 기스를 낳았고 기스는 사울, 사울은 요나단·말기수아·아비나답·에스바알을 낳았으며, 요나단의 아들은 므립바알로 미가를 낳았다.

미가의 아들들은 비돈과 멜렉·다레아·아하스며, 아하스는 야라를 낳았고 야라는 알레멧과 아스마웻·시므리를 낳았고, 시므리는 모사, 모사는 비느아, 비느아는 르바야를 낳았다.

그 아들은 엘르아사요 그 아들은 아셀이며, 아셀은 6형제를 낳

았으니 아스리감·보그루·이스마엘·스아랴·오바댜·하난이다.

〈역대상 9:35~44〉

부즉불이(不卽不離)

출신활로(出身活路)가
부즉불이니

분별시비가
자취까지 끊어졌다.

블레셋 사람과 이스라엘이 싸우더니 이스라엘 사람들이 블레셋 사람 앞에서 도망하다가 길보아산에서 죽임을 받고 엎드러졌다. 블레셋 사람이 사울과 그 아들들을 추격하여 사울의 아들 요나단과 아비나답과 말기수아를 죽이고 사울을 맹렬히 치며 활 쏘는 자가 사울에게 따라 미치매 사울이 그 쏘는 자를 인하여 심히 군급하여 자기의 병기 가진 자에게 이르되 너는 칼을 빼어 나를 찌르라. 저 할례 없는 자가 와서 나를 욕되게 할까 두려워하노라. 그러나 그 병기 가진 자가 심히 두려워하여 즐겨 행치 아니하자 사울이 자기 칼을 취하고 그 위에 엎드러지니 병기 가진 자가 사울의 죽음을 보고 자기도 칼에 엎드러져 죽었다. 이와 같이 사울과 그 세 아들과 그 온 집이 함께 죽었다.

〈역대상 10:1~6〉

연징취영(淵澄取映)

못물이 맑으면

역대(상) **157**

온갖 것이 비치듯

신명이 밝으면
만법이 훤히 드러난다.

　골짜기에 있는 모든 이스라엘 사람이 저희의 도망한 것과 사
울과 그 아들들이 다 죽은 것을 보고 그 성읍들을 버리고 도망하
매 블레셋 사람이 와서 거기 거하였다. 이튿날에 블레셋 사람이
와서 죽임을 당한 자를 벗기다가 사울과 그 아들들이 길보아산에
엎드러졌음을 보고 곧 사울을 벗기고 그 머리와 갑옷을 취하고
사람을 블레셋 땅 사방에 보내어 모든 우상과 뭇백성에게 광포하
게 하고 사울의 갑옷을 그 신의 묘에 두고 그 머리를 다곤의 묘
에 단지라 길르앗야베스 모든 사람이 블레셋 사람의 사울에게 행
한 모든 일을 듣고 용사들이 다 일어나서 사울의 시체와 그 아들
들의 시체를 취하여 야베스로 가져다가 그곳 상수리나무 아래 그
해골을 장사하고 7일을 금식하였다. 사울이 죽은 것은 여호와께
범죄하였음이다.
　저가 여호와의 말씀을 지키지 아니하고 또 신접한 자에게 가
르치기를 청하고 여호와께 묻지 아니하였으므로 여호와께서 저를
죽이시고 그 나라를 이새의 아들 다윗에게 돌리셨다.

〈역대상 10:7～10〉

폭지일파(爆地一破)

폭지일파에
차고 더운 것을 맛보니

5. 다윗왕의 탄생과 찬송

온 이스라엘이 헤브론에 모여 다윗을 보고 "우리는 왕의 골육이니이다. 전일 곧 사울이 왕이 되었을 때에도 이스라엘을 거느려 출입하게 한 자가 왕이시었고 왕의 하나님 여호와께서도 왕에게 말씀하시기를 네가 내 백성 이스라엘의 목자가 되며 내 백성 이스라엘의 주권자가 되리라 하셨나이다." 하였다. 이에 이스라엘 모든 장로가 헤브론에 이르러 왕에게 나아오니 다윗이 헤브론에서 여호와 앞에서 저희와 언약을 세우매 저희가 다윗에게 기름을 부어 이스라엘 왕을 삼으니 여호와께서 사무엘로 전하신 말씀대로 되었다.

다윗이 온 이스라엘로 더불어 예루살렘 곧 여부스에 이르니 여부스 토인이 거기 거하였더라. 여부스 토인이 다윗에게 "네가 이리로 들어오지 못하리라." 하나 다윗이 시온산 성을 빼앗았으니 이것이 다윗성이다. 다윗이 "먼저 여부스 사람을 치는 자는 두목과 장관을 삼으리라." 하니 스루야의 아들 요압이 먼저 올라갔으므로 두목이 되었고, 다윗이 그 산성에 거한 고로 무리가 다윗성이라 일컬었으며, 다윗이 밀로에서부터 두루 성을 쌓았고 그 남은 성은 요압이 중수하였다. 만군의 여호와께서 함께 계시니 다윗이 점점 강성하여 갔다.

〈역대상 11:1~9〉

진합태산(塵合泰山)

티끌모아 태산이요
방울물이 바다를 이룬다.
온 몸을 아낌없이 바치니
뚫지 못하는 물건이 없었다.

다윗에게 있는 용사의 두목은 이러하였다. 이 사람들이 온 이스라엘로 더불어 다윗의 힘을 도와 나라를 얻게 하고 세워 왕을 삼았으니 이는 여호와께서 이스라엘에 대하여 이르신 말씀대로 함이었다. 다윗에게 있는 용사는 학몬 사람 아들 야소브암은 30인의 두목으로 저가 창을 들어 한 때에 3백인을 죽였고, 그 다음은 아호아 사람 도도의 아들 엘르아살로 세 용사 중 하나다. 저가 바스담밈에서 다윗과 함께 하였더니 블레셋 사람이 그곳에 모여 와서 치니 거기 보리가 많이 난 밭이 있었다. 백성들이 블레셋 사람 앞에서 도망하되 저희가 그 밭 가운데 서서 그 밭을 보호하여 블레셋 사람을 죽였다. 여호와께서 큰 구원으로 구원하심이었다.

삼십 두목 중 세 사람이 바위로 내려가서 아둘람굴 다윗에게 이를 때에 블레셋 군대가 르바임 골짜기에 진 쳤다. 그 때 다윗은 산성에 있고 블레셋 사람의 영채는 베들레헴에 있는지라 다윗이 사모하여 가로되 베들레헴 성문 곁 우물물을 누가 나로 마시게 할꼬 하니 이 세 사람이 블레셋 사람의 군대를 충돌하고 지나가서 베들레헴 성문 곁 우물물을 길어가지고 다윗에게로 왔으나 다윗이 마시기를 기뻐 아니하고 그 물을 여호와께 부어드리고 가로되 내 하나님이여, 내가 결단코 이런 일을 하지 아니하리다. 생

명을 돌아보지 아니하고 갔던 사람들의 피를 어찌 마시리이까 하
고 마시기를 즐겨 아니하였다.

요압의 아우 아비새는 그 3인의 두목이다. 저가 창을 들어 3백
인을 죽이고 그 3인 중에 이름을 얻었으니 저는 둘째 3인 중에
가장 존귀하여 저희의 두목이 되었으나 그러나 첫째 3인에게는
미치지 못하였다.

<역대상 11:10~21>

여문철우(如蚊鐵牛)

모기가 철소를 뚫으니
늙은 쥐들이 뿔 속에서 잡히도다.
생사가 천유(遷流)하는 곳엔
두렵고 두렵도다.

갑스엘 용사의 손자 여호야다의 아들 브나야는 효용한 일을
행한 자라 저가 모압 아리엘의 아들 둘을 죽였고 또 눈 올 때 함
정에 내려가서 한 사자를 죽였으며, 또 장대한 애굽 사람을 죽였
는데 그 사람의 키가 5규빗이요 그 손에 든 창이 베틀채 같았으
나 저가 막대기를 가지고 내려가서 그 애굽 사람의 손에서 창을
빼앗아 그 창으로 죽였다. 여호야다의 아들 브나야가 이런 일을
행하였으므로 3용사 중에 이름을 얻고 30인 보다 존귀하나 그러
나 첫 3인에게는 미치지 못하였다. 다윗이 저를 세워 시위대 장
관을 삼았다.

<역대상 11:22~25>

독초성미(篤初誠美)

처음과 같이 정성을 다하니
끝맺음도 깨끗하다.

얼굴 모습과 같이
생각도 그렇게 가지면
말과 행동이 인정된 것이다.

또 군중의 큰 용사는 요압의 아우 아사헬과 베들레헴 사람 도
도의 아들 엘하난과 하롤 사람 삼훗과 블론 사람 헬레스와 드고
아 사람 익게스의 아들 이라와 아나돗 사람 아비에셀과 후사 사
람 십브개와 야호아 사람 일래와 느도바 사람 마하래와 느도바
사람 바아나의 아들 헬렛과 베냐민 자손에 속한 기브아 사람 리
배의 아들 이대와 비라돈 사람 브나야와 가아스 시냇가에 사는
후래와 아르바 사람 아비엘과 바하룸 사람 아스마윗과 사알본 사
람 엘리아바와 기손 사람 하셈의 아들들과 하랄 사람 사게의 아
들 요나단과 하랄 사람 사갈의 아들 아히암과 울의 아들 엘리발
과 므게랏 사람 헤벨과 블론 사람 아히야와 갈멜 사람 헤스로와
에스배의 아들 나아래와 나단의 아우 요엘과 하그리의 아들 밉할
과 암몬 사람 셀렉과 스루야의 아들 요압의 병기 잡은 자 베롯
사람 나하래와 이델 사람 이라와 가렙, 헷 사람 우리아와 알래의
아들 사밧과 르우벤 자손 시사의 아들 곧 르우벤 자손의 두목 아
디나와 그 종자 30인과 마아가의 아들 하난과 미덴 사람 요사밧
과 아스드랏 사람 웃시야와 아로엘 사람 호담의 아들 사마와 여
이엘과 시므리의 아들 여디아엘과 그 아우 디스 사람 요하와 마

하위 사람 엘리엘과 엘라암의 아들 여리배·요사위야와 모압 사
람 이드마·엘리엘·오벳, 므소바 사람 야아시엘이었다.

〈역대상 11:26~47〉

성중성(星中星)

별 가운데 별은
삼태육성(三台六星)이요

밤 가운데 해는
달님이다.

다윗이 기스의 아들 사울로 인하여 시글락에 숨어 있을 때 그
에게 와서 싸움을 돕는 용사 중에 든 자가 있었으니 그 두목은
아히에셀이요 다음은 요아스니 기브아 사람 스마아의 두 아들이
요 또 아스마웻의 아들 여시엘과 벨렛과 또 브라가와 아나돗 사
람 예후와 기브온 사람 30인 중에 용사요 30인의 두목된 이스마
야며, 또 예레미야와 야하시엘·요하난과 그데라 사람 요사밧·
엘루새·여리못·브아랴·스마랴, 하룹 사람 스바댜, 고라 사람
엘가나·잇시야·아사렐·요에셀·야소브암이며, 그돌 사람 여로
함의 아들 요엘라와 스바댜였다.
　또 갓 사람 중에서 거친 땅 견고한 곳에 이르러 다윗에게 돌
아온 자가 있었으니 모두 용사로 싸움에 익숙하여 방패와 창을
능히 쓰는 자들이었다. 그 얼굴은 사자 같고 빠르기는 산의 사슴
같았으니 그 두목은 에셀·오바댜·엘리압·미스만나·예레미야
·앗대·엘리엘·요하난·엘사밧·예레미야· 막반내였다.

또 갓 자손이 군대 장관이 되어 그 작은 자는 1백인을 관할하고 큰 자는 1천인을 관할하더니 정월에 요단강 물이 모든 언덕에 넘칠 때 이 무리가 강물을 건너서 골짜기에 있는 모든 자로 동서로 도망하게 하였다.

베냐민과 유다 자손 중에서 견고한 곳에 이르러 다윗에게 나오매 다윗이 나가서 맞아 저희에게 일러 가로되 "만일 너희가 평화로이 와서 나를 돕고자 하면 내 마음이 너희와 연합하려니와 만일 너희가 나를 속여 내 대적에게 붙이고자 하면 내 손에 불의함이 없으니 우리 열조의 하나님이 감찰하시고 책망하시기를 원하노라" 하니 때에 성신이 30인의 두목 아마새에게 감동하여 "다윗이여, 우리가 당신에게 속하겠고 우리가 당신과 함께하리니 원컨대 평강하소서" 한지라 다윗이 드디어 접대하여 세워 군대 장관을 삼았다.

〈역대상 12:1~18〉

탄금완급(彈琴緩急)

거문고 소리에도
급하고 느린 것이 있으니
한 생각 일으키면 천마(天魔)이고
한 생각 일으키지 아니하면 음마(陰魔)다.

다윗이 전에 블레셋 사람과 함께 가서 사울을 치려 할 때 므낫세 지파에서 두어 사람이 다윗에게 돌아왔으나 다윗 등이 블레셋 사람을 돕지 못하였음은 블레셋 사람의 방백이 서로 의논하고 보내며 이르기를 "저가 그 주 사울에게로 돌아가리니 우리 머리가 위태할까 하노라" 함이었다.

다윗이 시글락으로 갈 때 므낫세 지파에서 그에게로 돌아온 자는 아드나와 요사밧·여디아엘·미가엘·요사밧·엘리후·실르대니 다 므낫세의 천부장들이었다. 이 무리가 다윗을 도와 적당을 쳤으니 저희는 다 큰 용사요 군대 장관들이었다. 그때 사람이 날마다 다윗에게 돌아와서 돕고자 하매 큰 군대를 이루어 하나님의 군대와 같았다.

싸움을 예비한 군대 장관들이 헤브론에 이르러 다윗에게로 나아와서 여호와의 말씀대로 사울의 나라를 저에게 돌리고자 하였으니 유다 자손 중에서 방패와 창을 들고 싸움을 예비한 자가 6천8백 명이요, 시므온 자손 중에서 싸움하는 큰 용사가 7천1백이요, 레위 자손 중에서 4천6백 명이요, 아론의 집 족장 여호야다와 함께한 자가 3천7백 명이요, 또 젊은 용사 사독과 그 족속의 장관이 22명이었으며, 베냐민 자손 곧 사울의 동족은 아직도 태반이나 사울의 집을 좇으나 그 중에서 나아 온 자가 3천명이고, 에브라임 자손 중에서 본 족속의 유명한 큰 용사가 2만8백 명이고, 므낫세 반 지파 중에 녹명된 자로서 와서 다윗을 세워 왕을 삼으려 하는 자가 1만8천 명이고, 잇사갈 자손 중에서 시세를 알고 이스라엘이 마땅히 행할 것을 아는 두목이 2백 명이니 저희들은 그 모든 형제들을 관할하는 자였다.

〈역대상 12:19~32〉

영업소기(榮業所基)

영화의 기틀은
기업을 익히는 데 있으니

배움이 넉넉하여
벼슬에 오르면
그 명예가 끝없이 갈 것이다.

스불론 중에서 모든 군기를 가지고 항오를 정제히 하고 두 마음을 품지 아니하고 능히 진에 나아가서 싸움을 잘하는 자가 5만 명이고, 납달리 중에서 장관 1천명과 방패와 창을 가지고 함께 한 자가 3만7천 명이고, 단 자손 중에서 싸움을 잘하는 자가 2만8천6백명, 아셀 중에서 능히 진에 나가서 싸움을 잘하는 자가 4만명, 요단 저편 르우벤 자손과 갓 자손과 므낫세 반 지파 중에서 모든 군기를 가지고 능히 싸우는 자가 12만 명이었다.

이 모든 군사가 항오를 정제히 하고 다 성심으로 헤브론에 이르러 다윗으로 온 이스라엘 왕을 삼고자 하고, 또 이스라엘의 남은 자도 다 일심으로 다윗으로 왕을 삼고자 하여 무리가 거기서 다윗과 함께 3일을 지내며 먹고 마셨으니 이는 그 형제가 이미 식물을 예비하였음이며 또 근처에 있는 자로부터 잇사갈과 스불론과 납달리까지도 식물을 나귀와 약대와 노새와 소에 무수히 실어왔으니 곧 과자와 무화과병과 건포도와 포도주와 기름이요, 소와 양도 많이 가져왔으니 이스라엘 가운데 희락이 있음이었다.

〈역대상 12:33~40〉

급동혈랑(急動血囊)

피가 거꾸로 서니
귀신들이 들어와도 무서운 것이 없었다.

마음에 틈이 생기면
쓸데없는 생각이 일어났다.

다윗이 천부장과 백부장 곧 모든 장수로 더불어 의논하고 이
스라엘의 온 회중에게 이르되 "만일 너희가 선히 여기고 또 우리
의 하나님 여호와께로 말미암았으면 우리가 이스라엘 온 땅에 남
아 있는 우리 형제와 또 저희와 함께 들어 있는 성읍에 거하는
제사장과 레위 사람에게 보내어 저희를 우리에게로 모이게 하고
우리가 우리 하나님의 궤를 옮겨 오자 사울 때에는 우리가 궤 앞
에서 묻지 아니하였느니라" 하매 뭇 백성들이 이 일을 선히 여기
므로 온 회중이 그대로 행하겠다 한지라 이에 다윗이 애굽의 시
홀 시내에서부터 하맛 어귀까지 온 이스라엘을 불러 모으고 기럇
여아림에서부터 하나님의 궤를 매어 오고자 할새 다윗이 온 이스
라엘을 거느리고 바알라 곧 유다에 속한 기럇여아림에 올라가서
여호와 하나님의 궤를 매어오려 하니 이는 여호와께서 두 그룹
사이에 계시므로 그 이름으로 일컫는 궤라 하나님의 궤를 새 수
레에 싣고 아비나답의 집에서 나오는데 웃사와 아히오는 수레를
몰며 다윗과 이스라엘 온 무리는 하나님 앞에서 힘을 다하여 뛰
놀며 노래하며 수금과 비파와 소고와 제금과 나팔로 주악하였다.

〈역대상 13:1~8〉

찬양주악(讚揚奏樂)

찬양하는 데는
주악이 필요하다.

거기 노래와 춤이 어울리면
하늘 땅도 즐거워한다.

　기둔의 타작 마당에 이르러서는 소들이 뛰므로 웃사가 손을
펴서 궤를 붙들었더니 웃사가 손을 펴서 궤를 붙듦을 인하여 여
호와께서 진노하사 치시매 웃사가 충돌하시므로 다윗이 분하여
그곳을 베레스 웃사라 칭하니 그 이름이 오늘날까지 이르니라.
그 날에 다윗이 하나님을 두려워하여 가로되 "내가 어찌 하나님
의 궤를 내 곳으로 오게 하리요" 하고 궤를 옮겨 다윗성 자기에
게 메어 들이지 못하고 치우쳐 가드 사람 오벧에돔의 집으로 메
어 가니라. 하나님의 궤가 오벧에돔의 집에서 그 권속과 함께 석
달을 있으며 여호와께서 오벧에돔의 집과 그 모든 소유에 복을
내리셨더라.

〈역대상 13:9～14〉

왕중왕(王中王)

왕 가운데 왕이고
성현 가운데 성현이다.

한 사람이 높이 되니
만 사람이 복을 받는구나.

　두로 왕 히람이 다윗에게 사자들과 백향목과 석수와 목수를
보내어 그 궁궐을 건축하게 하였다. 다윗이 여호와께서 자기로
이스라엘 왕을 삼으신 줄을 깨달으니 이는 그 백성 이스라엘을

위하여 나라를 진흥하게 하셨음이다.

다윗이 예루살렘에서 또 아내들을 취하여 또 자녀를 낳았으니 삼무아와 소밥·나단·솔로몬·입할·엘리수아·엘벨렛·노가·네벡·야비아·엘리사마·브엘랴다·엘리벨렛이었다.

다윗이 기름 부음을 받아 온 이스라엘의 왕이 되었다 함을 블레셋 사람이 듣고 다윗을 찾아 올라오매 다윗이 듣고 방비하러 나갔으나 블레셋 사람이 이미 이르러 르바임 골짜기를 침범하였는지라 다윗이 하나님께 물어 가로되 "내가 블레셋 사람을 치러 올라가리이까 주께서 저희를 내 손에 붙에 붙이시겠나이까" 하니 여호와께서 "올라가라. 내가 저희를 네 손에 붙이리라" 하신지라 이에 무리가 바알브라심으로 올라가 저희를 치고 가로되 "하나님이 물을 흘음 같이 내 손으로 내 대적을 흘으셨다" 함으로 그곳 이름을 바알브라심이라 칭하였다. 블레셋 사람이 그 우상을 그곳에 버렸으므로 다윗이 명하여 불에 사르니라.

블레셋 사람들이 다시 골짜기를 침범한지라 다윗이 또 하나님께 묻자 "마주 올라가지 말고 저희 뒤로 돌아 뽕나무 수풀 맞은 편에서 저희를 엄습하되 뽕나무 꼭대기에서 걸음 걷는 소리가 들리거든 곧 나가서 싸우라. 내가 네 앞서 나아가서 블레셋 사람의 군대를 치리라" 하신지라 이에 다윗이 하나님의 명대로 행하여 블레셋 사람의 군대를 쳐서 기브온에서부터 게셀까지 이르러 다윗의 명성이 열국에 퍼졌고 여호와께서 열국으로 저를 두려워하게 하셨다.

〈역대상 14:1~17〉

정법명왕(正法明王)

바른 법으로 임금님이 되니
밝은 빛이 천하를 덮었다.

부귀공명이여,
이름 따라 물도 풍부해지는구나.

다윗이 다윗성에서 자기를 위하여 궁궐을 세우고 또 하나님의
궤를 위하여 처소를 예비하고 장막을 치고 "레위 사람 외에는 하
나님의 궤를 맬 수 없나니 이는 여호와께서 저희를 택하사 하나
님의 궤를 메고 영원히 저를 섬기게 하셨음이니라" 하고 이스라
엘 온 무리를 예수살렘으로 모으고 여호와의 궤를 그 예비한 곳
으로 메어 올리고자 하니 그핫 자손 중에 족장 우리엘과 그 형제
1백20인이고, 므라리 자손 중에 족장 아사야와 그 형제 2백2십인
었고, 게르솜 자손 중에 족장 요엘과 그 형제 1백30인이고, 엘리
사반 자손 중에 족장 스마야와 그 형제 2백인이고, 헤브론 자손
중에 족장 엘리엘과 그 형제 80인이고, 웃시엘 자손 중에 족장
암미나답과 그 형제 1백12인이었다.
　　다윗이 제사장 사독과 아비아달을 부르고 또 레위 사람 우리
엘과 아사야와 요엘과 스마야와 엘리엘과 암미나답을 불러 저희
에게 이르되 "너희는 레위 사람의 족장이니 너희와 너희 형제는
몸을 성결케 하고 내가 예비한 곳으로 이스라엘 하나님 여호와의
궤를 메어 올리기 전에는 너희가 메지 아니하였으므로 우리 하나
님 여호와께서 우리를 충돌하셨나니 이는 우리가 규례대로 저에
게 구하지 아니하였다" 하였다. 이에 제사장들과 레위 사람들이

이스라엘 하나님 여호와의 궤를 메고 올라가려 하여 몸을 성결케
하고 모세가 여호와의 말씀을 따라 명한 대로 레위 자손이 채로
하나님의 궤를 꿰어 어깨에 메니라.

〈역대상 15:1~15〉

봉궤언약(奉匱言約)

언약으로 맺은 궤는
이스라엘의 혼백이니

어찌 항사신명(恒沙身命)이
높이 받들지 않으리오.

다윗이 레위 사람의 어른들에게 명하여 그 형제 노래하는 자
를 세우고 "비파와 수금과 제금 등의 악기를 울려서 즐거운 소리
를 크게 내라" 하매 레위 사람이 요엘의 아들 헤만과 그 형제 중
베레야의 아들 아삽과 그 동종 므라리 자손 중 구사야의 아들 에
단을 세우고 그 다음으로 형제 스가랴와 벤·야아시엘·스미라못
·여히엘·운니·엘리압·브나야·마아세야·맛디디야·엘리블레
후·믹네야와 문지기 오벨에돔과 여이엘을 세우니 노래하는 자
헤만과 아삽과 에단은 놋제금을 크게 치는 자요 스가랴와 아시엘
·스미라못·여히엘·운니·엘리압·마아세야·브나야는 비파를
타서 여청에 맞추는 자요, 맛디디야와 엘리블레후와 믹네야와 오
벨에돔과 여이엘과 아사시야는 수금을 타서 여덟째 음에 맞추어
인도하는 자요, 레위 사람의 족장 그나냐는 노래에 익숙하므로
노래를 주장하여 사람에게 가르치는 자요, 베레갸와 엘가나는 궤

앞에서 문을 지키는 자요, 제사장 스바냐와 요사밧·느다넬·아미새·스가랴·브나야·엘리에셀은 하나님의 궤 앞에서 나팔을 부는 자요, 오벧에돔과 여히야는 궤 앞에서 문을 지키는 자더라.

이에 다윗과 이스라엘 장로들과 천부장들이 가서 여호와의 언약궤를 즐거이 메고 오벧에돔의 집에서 올라왔는데 하나님이 여호와의 언약궤를 멘 레위 사람을 도우셨으므로 무리가 수송아지 일곱과 수양 일곱으로 제사를 드렸더라. 다윗과 궤를 멘 레위 사람과 노래하는 자와 그 두목 그나냐와 모든 노래하는 자도 다 세마포와 겉옷을 입었으며 다윗은 또 베 에봇을 입었고 이스라엘 무리는 크게 부르며 각과 나팔을 불며 제금을 치며 비파와 수금을 힘있게 타며 여호와의 언약궤를 메어 올렸다.

여호와의 언약궤가 다윗성으로 들어올 때 사울의 딸 미갈이 창으로 내어다보다가 다윗왕이 춤추며 뛰노는 것을 보고 심중에 업신여겼다.

〈역대상 15:16~29〉

장엄행렬(莊嚴行列)

빛과 소리가 함께 어울려서
천상장엄이 이를 두고 한 말이다.

그중에서도 희비가 엇갈린 사람이 있으니
사울의 딸 미갈이더라.

하나님의 궤를 메고 들어가서 다윗이 위하여 친 장막 가운데 두고 번제와 화목제를 하나님 앞에 드린 뒤 여호와의 이름으로 백성에게 축복하고 또 이스라엘 무리의 무론 남녀하고 매 명에 떡 한 덩이와 고기 한 조각과 건포도병 하나씩 나누어 주었다.

또 레위 사람을 세워 여호와의 궤 앞에서 섬기며 이스라엘 하나님 여호와를 칭송하며 감사하며 찬양하게 하였으니 그 두목은 아삽이요 다음은 스가랴·여이엘·스미라못·여히엘·맛디디아·엘리압·브나야·오벧에돔·여이엘이다. 비파와 수금을 타고 아삽은 제금을 힘있게 치고 제사장 브나야와 야하시엘은 항상 하나님의 언약궤 앞에서 나팔을 불었다.

그 날에 다윗이 아삽과 그 형제를 세워 위선 여호와께 감사하게 하였다.

너희는 여호와께 감사하며
그 이름을 불러 아뢰며
그 행사를 만민 중에 알게 할지어다.

그에게 노래하며
그를 찬양하며
그 모든 기사를 말할지어다.

그 성호를 자랑하라.
무릇 여호와를 구하는 자는
마음이 즐거울지로다.

다윗이 아삽과 그 형제들을 여호와의 언약궤 앞에 머물러 항상 그 궤 앞에서 섬기게 하되 날마다 그 일대로 하게 하였고 오벧에돔과 그 형제 68인과 여두둔의 아들 오벧에돔과 호사로 문지기를 삼았고 제사장 사독과 그 형제 제사장들로 기브온 산당에서 여호와의 성막 앞에 모시게 하여 항상 조석으로 번제단 위에 번제를 드리되 여호와의 율법에 기록하여 이스라엘에게 명하신 대로 다 준행하게 하였다.

또 저희와 함께 헤만과 여두둔과 그 남아 택함을 받고 녹명된 자를 세워 여호와의 자비하심이 영원함을 인하여 감사하게 하였고, 또 저희와 함께 헤만과 여두둔을 세워 나팔과 제금들과 하나님을 찬송하는 악기로 소리를 크게 내게 하였고, 또 여두둔의 아들로 문을 지키게 하였다. 이에 뭇백성들은 각각 그 집으로 돌아가고 다윗도 자기 집을 위하여 축복하려고 돌아갔다.

〈역대상 16:1~43〉

일우이주(一雨而周)

한 가지 비가
온 세상을 적셨다.
원묘(圓妙)한 가르침은
빛속에 나타나고

한 땅에서
만 가지 풀이 마음대로 자란다.

6. 진정한 화목

다윗이 그 궁실에 거할 때 선지자 나단에게 일렀다. "나는 백향목 궁에 거하거늘 여호와의 언약궤는 휘장 밑에 있도다."

"하나님이 왕과 함께 계시니 무릇 마음에 있는 바를 행하소서."

그 밤에 하나님의 말씀이 나단에게 임하여 "가서 내 종 다윗에게 말하라. 여호와의 말씀이 '너는 나의 거할 집을 건축하지 말라. 내가 이스라엘을 올라오게 한 날부터 오늘날까지 집에 거하지 아니하고 오직 이 장막과 저 성막에 있으면서 그들을 보호하였노라' 하였다."

나단이 이렇게 다윗에게 고하니 다윗이 여호와 앞에 들어가 "여호와여 우리 귀로 들은 대로는 주와 같은 이가 없고 주 외에는 참 신이 없나이다. 땅의 어느 한 나라가 주의 백성 이스라엘과 같으리이까. 하나님이 가서 구속하사 자기 백성을 삼으시고 크고 두려운 일로 인하여 이름을 얻으시고 애굽에서 구속하신 자기 백성 앞에서 열국을 쫓아내셨사오며 주께서 주의 백성 이스라엘로 영원히 주의 백성을 삼으셨사오니 주께서 저희 하나님이 되셨나이다."

〈역대상 17:1~27〉

무소부재(無所不在)

하늘은 있지 않는 곳이 없다.
하늘을 핑계하여

백성들을 괴롭히는 것은
하늘이 할 일이 아니기 때문이다.

이 후에 다윗이 블레셋 사람을 쳐서 항복받고 블레셋 사람의 손에서 가드와 그 동네를 빼앗고 또 모압을 치매 모압 사람이 다윗의 종이 되어 조공을 바쳤다.

소바 왕 하닷에셀이 유브라데강 가에서 자기 권세를 펴고자 하매 다윗이 저를 쳐서 하맛까지 이르고 그 병거 1천승과 기병 7천과 보병 2만을 빼앗고 그 병거 1백승의 말만 남기고 그 외의 병거의 말은 다 발의 힘줄을 끊었다. 다메섹 아람 사람이 소바 왕 하닷에셀을 도우러 왔다가 다윗이 아람 사람 2만2천을 죽이고 다메섹 아람에 수비대를 두니 아람 사람이 다윗의 종이 되어 조공을 바치었다.

다윗이 어디로 가든지 여호와께서 이기게 하셨다. 다윗이 하닷에셀의 신복들이 가진 금방패를 빼앗아 예루살렘으로 가져오고 또 하닷에셀의 성읍 디브핫과 군에서 심히 많은 놋을 취하였더니 솔로몬이 그것으로 놋바다와 기둥과 놋그릇들을 만들었다.

〈역대상 18:1~8〉

입봉모의(入奉母儀)

집안에 들면
부모의 의용(儀容)을 받들어 익힌다.

물건의 위치와 사람의 자리가
각기 다르기 때문이다.

하맛 왕 도우가 다윗이 소바 왕 하닷에셀의 온 군대를 쳐서 파하였다 함을 듣고 그 아들 하도람을 보내어 다윗왕에게 문안하고 축복하게 하니 이는 하닷에셀이 이왕에 도우로 더불어 여러 번 전쟁이 있던 터에 다윗이 하닷에셀을 쳐서 파하였음이라. 하도람이 금과 은과 놋의 여러 가지 그릇을 가져온지라 다윗 왕이 그것도 여호와께 드리되 에돔과 모압과 암몬 자손과 블레셋 사람과 아말렉 등 여러 족속에게서 취하여 온 은금과 함께 하여 드리니라. 스루야의 아들 아비새가 염곡에서 에돔 사람 1만8천을 쳐 죽인지라 다윗이 에돔에 수비대를 두매 에돔 사람이 다 다윗의 종이 되었다.

다윗이 온 이스라엘을 다스려 모든 백성에게 공과 의를 행할새 스루야의 아들 요압은 군대 장관이 되고 아힐룻의 아들 여호사밧은 사관이 되고, 아히둡의 아들 사독과 아비아달의 아들 아비멜렉은 제사장이 되고, 사워사는 서기관이 되고, 여호야다의 아들 브나야는 그렛 사람과 블렛 사람을 관할하고, 다윗의 아들들은 왕을 모셔 대신이 되니라.

〈역대상 18:1~17〉

공의실현(公義實現)

임금은 하늘의 뜻을
땅에 전하는 자다.

지은보은(知恩報恩)은
인류이 숭상하여야 할 덕이다.

그 후에 암몬 자손의 왕 나하스가 죽고 그 아들이 대신하여 왕이 되니 다윗이 전의 은혜를 생각하여 사신을 보냈으나 오해하여 수염을 깎고 의복을 자르니 장차 전쟁이 일어나 다윗이 아람 병거 7천승의 군사와 보병 4만을 죽이고 또 군대 장관 소박을 죽이매 하닷에셀의 심복이 화친하여 섬기게 하였으나 암몬 자손 돕기를 싫어하였다.

요압이 랍바를 쳐서 함락시키므로 다윗이 그 왕의 면류관을 취하여 쓰니라. 다윗이 또 그 성에서 노략한 물건을 무수히 내어 오고 그 가운데 백성들을 끌어내어 톱질과 써레질과 도끼질을 하게 하였다.

이 후에 블레셋 사람과 게셀에서 전쟁할 때 후사 사람 십브개가 장대한 자의 아들 중에 십배를 쳐 죽이자 저희가 항복하였다. 다시 블레셋 사람과 전쟁할 때 야일의 아들 엘하난이 가드 사람 골리앗의 아우 라흐미를 죽였는데 이 사람의 창자루는 베틀채 같았다. 또 가드에서 전쟁할 때 그곳에 키 큰 자 하나는 손과 발에 가락이 여섯씩 모두 스물넷이 있는데 저도 장대한 자의 소생이라 저가 이스라엘을 능욕하므로 다윗의 형 시므아의 아들 요나단이 저를 죽였다. 가드의 장대한 자의 소생이라도 다윗의 손과 그 신복의 손에 다 죽었더라.

〈역대상 19장~20장〉

영단무명(永斷無明)

영원히 어리석음을 행할 자들은
끊어 없앴으니

이것은 자손들의
후환을 두려워한 까닭이다.

사단이 일어나 이스라엘을 대적하고 다윗을 격동하여 이스라엘을 계수하게 하니 이스라엘 중에 칼을 뺄 만한 자가 1백10만이었다. 요압이 왕의 명령을 밉게 여겨 레위와 베냐민 사람을 계수하지 아니하였다. 하나님이 다윗의 이 일을 괘씸히 여기사 이스라엘을 치시매 다윗이 하나님께 사죄하니 여호와께서 세 가지(3년 기근·3달 대적·3일간의 온역)를 보여 그 중 하나를 택하게 하니 하늘의 뜻대로 하라 하여 온역을 내려 7만 명이나 죽었다.

이에 여호와의 사자가 천지 사이에 서 칼을 빼 손에 들고 예루살렘 편을 가리켰는지라 다윗이 장로들로 더불어 굵은 베를 입고 얼굴을 땅에 대고 엎드려 하나님께 아뢰되 "범죄하고 악을 행한 자는 곧 내 주의 손으로 나와 내 아비의 집을 치시고 주의 백성에게 재앙을 내리지 마옵소서" 하니 오르난의 타작마당에 단을 쌓고 번제와 화목제를 드렸다. 그리고 성전을 지을 만반 준비를 갖추고 아들 솔로몬과 이스라엘 방백들에게 부탁하고 떠났다.

〈역대상 21장~22장〉

천년 성 만년 성(千年城 萬年城)

하룻저녁 사이에
천년 성을 쌓고

한 생각 속에서
만년 성이 나타났다.

7. 다윗의 왕권 조직

다윗의 나이 많아 늙으매 아들 솔로몬으로 이스라엘 왕을 삼고 이스라엘 모든 방백과 제사장과 레위 사람들을 모았다. 30세 이상 레위 사람들은 계수해보니 모든 남자의 명수가 3만8천인데 그 중에 2만4천은 여호와의 전 사무를 보살피는 자요 6천은 유사와 재판관이요, 4천은 문지기요 4천은 다윗의 찬송하기 위하여 지은 악기로 여호와를 찬송하는 자라. 다윗이 레위의 아들 게르손과 그핫과 므라리를 따라 그 반열을 나누었다.

다윗이 군대 장관들로 더불어 아삽과 헤만과 여두둔의 자손 중에서 구별하여 섬기게 하되 수금과 비파와 제금을 잡아 신령한 노래를 하게 하였으니 그 직무대로 일하는 자의 수효가 심히 많았다.

이렇게 이스라엘 자손의 모든 족장과 천부장과 백부장과 왕을 섬기는 유사들이 그 인수대로 반차가 나누어졌으니 각 반열이 2만4천 명씩이나 되었다. 1년 동안 달마다 체번하여 들어가며 나왔다.

정월 첫반의 반장은 삽디엘의 아들 야소브암이었는데 그 반열에 2만4천명이었다. 이월반의 반장은 아호아 사람 도대요, 그 반열에 2만4천명이 딸렸고, 삼월 군대의 셋째 장관은 대제사장 여호야다의 아들 브나야였는데, 그 반열에 2만4천명이었다. 이중 브나야는 30인 중에 용사요 30인 위에 있으며 그 반열 중에 그 아들 암미사밧이 있었다. 사월 넷째 장관은 요압의 아우 아사헬이요, 그 다음은 그 아들 스바댜니 그 반열에 2만4천명이었고, 오월 다섯째 장관은 이스라 사람 삼훗이니 그 반열에 2만4천명이고,

유월 여섯째 장관은 드고아 사람 익게스의 아들 이라니 그 반열
에 2만4천 명었다.

〈역대상 23장~27:9〉

공산명월(空山明月)

빈 산에
밝은 달이여,

다투고 사귀는 가운데서
정이 드는구나.

칠월 일곱째 장관은 에브라임 자손에 속한 발론 사람 헬레스
니 그 반열에 2만4천 명이었고,
팔월 여덟째 장관은 세라 족속 후사 사람 십브개니 그 반열에
2만4천 명이었다.
구월 아홉째 장관은 베냐민 자손 아나돗 사람 아비에셀이니
그 반열에 2만4천 명이고,
시월 열째 장관은 세라 족속 느도바 사람 마하래니 그 반열에
2만4천 명이었으며,
십일월 열한째 장관은 에브라임 자손에 속한 비라돈 사람 브
나야니 그 반열에 2만4천 명이었고,
십이월 열둘째 장관은 옷니엘 자손에 속한 느도바 사람 헬대
니 그 반열에 2만4천 명이었다.
다윗이 이스라엘 모든 방백 곧 각 지파의 어른과 체번하여 왕
을 섬기는 반장들과 천부장들과 백부장들과 및 왕과 왕자의 산업

역대(상) **181**

과 생측의 감독과 환관과 장사와 용사를 예루살렘으로 소집하고 "나는 여호와의 성전을 건축할 마음이 있어서 건축할 재료를 준비하였으나 군인으로 피를 많이 흘려 솔로몬에게 물려주노니 나의 형제들과 백성들을 도와 이 일이 잘 이루어지게 하라" 하였다.

이렇게 이새의 아들 다윗이 온 이스라엘 왕이 되어 이스라엘을 치리한 날짜는 40년이나 되었다.

〈역대상 27:10~29장〉

대비유은(大悲幽恩)

큰 사랑이 깊이 흐르니
길가 사람들도 모두 노래를 불렀다.

계교안배(計較安排)하니
상하질서가 기러기 같았다.

역대하

Ⅰ. 솔로몬의 기도

다윗의 아들 솔로몬의 왕위가 견고하여 하나님 여호와께서 저와 함께 하사 심히 창대케 하시니 하루는 하나님이 솔로몬에게 나타나서 말씀하셨다.

"내가 네게 무엇을 줄꼬."

"지혜와 지식을 주시옵소서."

"그래 내가 너에게 지혜와 지식을 주고 부와 재물과 존영도 주리니 너의 전후에는 이 같음이 없으리라."

솔로몬이 여호와의 이름을 위하여 전을 건축하고 자기 권영을 위하여 궁궐 건축하기를 결심, 담군 7만과 벌목인 8만과 일을 감독할 자 3천6백을 뽑고 사자를 두로 왕 후람에게 보내 백향목과 장인을 구하니 두로왕 후람이 경축하고 승낙하여 솔로몬이 예루살렘 모리아 산에 전을 건축하기 시작하였다.

〈역대하 1장~2장〉

수위안좌(受位安座)

조상의 자리가 편안하면
자손의 행 또한 즐겁다.

망우리(忘憂里) 미아리(彌阿里)가
그래서 생긴 것이다.

그곳은 전에 여호와께서 다윗 앞에 나타나셨던 곳이요, 오르난
의 타작마당에 다윗이 정하였던 곳이다.

솔로몬이 하나님의 전을 위하여 놓은 지대는 옛법대로 장이 60
규빗이요 광이 20규빗이며, 그 전 앞 낭실의 장은 전의 광과 같
이 20규빗이요 고가 1백20규빗이니 안에는 정금으로 입혔으며,
그 대전 천장은 잣나무로 만들고 또 정금으로 입히고 그 위에 종
려나무와 사슬 형상을 새겼고 또 보석으로 전을 꾸며 화려하게
하였으니 그 금은 바르와임의 금이며, 또 금으로 전과 그 들보와
문지방과 벽과 문짝에 입히고 벽에 그룹들을 아로새겼더라.

또 지성소를 짓고 그 안에 두 그룹의 형상을 새겨 만들어 금
으로 입혔으니 두 그룹의 날개 길이가 모두 20규빗이라 좌우편
그룹의 한 날개는 각각 5규빗이니 전 벽에 닿았고, 전 벽에 닿아
이 두 그룹의 편 날개가 모두 20규빗이나 되었다. 그 얼굴을 외
소로 향하고 서 있으며 청색·자색·홍색실과 고운 베로 문장을
짓고 그 위에 그룹의 형상을 수놓았더라.

전 앞에 기둥 둘을 만들었으니 고가 35규빗이요 각 기둥 꼭대
기의 머리가 5규빗이라. 성소 사슬을 만들어 그 기둥머리에 두르
고 석류 100개를 만들어 사슬에 달았으며, 그 두 기둥을 외소 앞

에 세웠으니 좌우편에 각각 하나였다. 우편 것은 야긴이라 칭하고 좌편 것은 보아스라 칭하였다.

〈역대 하 3~4〉

천궁현전(天宮現前)

천궁이 눈앞에 나타나니
지금까지 보지 못한 것을 보게 되었다.

황홀한 무지개는 하늘 끝까지 올랐고
땅의 만물은 모두가 춤을 추었다.

솔로몬이 또 놋으로 단을 만들고 바다·물두멍·등대·상을 만들었다. 또 금으로 대접 1백을 만들었고 또 제사장의 뜰과 큰 뜰과 문을 만들고 놋으로 그 문짝에 입혔고, 바다는 전 우편 동남방에 두었다.

후람이 또 솥과 부삽과 대접을 만들었고 기둥 둘과 그 기둥 꼭대기의 공 같은 머리 둘과 또 기둥 꼭대기의 공 같은 머리를 가리우는 그물 둘과 또 그물들을 위하여 만든바 매 그물에 두 줄씩으로 기둥 위의 공 같은 두 머리를 가리우게 한 사백 석류와, 또 받침과 받침 위의 물두멍과 한 바다와 그 바다 아래 열 두 소와 솥과 부삽과 고기 갈고리와 여호와의 전의 모든 그릇들을 후람의 아비가 솔로몬 왕을 위하여 빛난 놋으로 만들 때 왕이 요단 평지에서 숙곳과 스레다 사이의 차진 흙에 그것들을 부어 내었었다.

솔로몬이 또 하나님의 전의 모든 기구를 만들었으니 곧 금단

과 진설병 상들과 내소 앞에서 규례대로 불을 켤 정금 등대와 그
등잔이며 또 순정한 금으로 만든 꽃과 등잔과 화젓가락이며, 또
정금으로 만든 불집게와 주발과 술가락과 불 옮기는 그릇이며,
또 전 문 곧 지성소의 문과 외소의 문을 금으로 입혔더라.

〈역대하 4장〉

장엄천국(莊嚴天國)

금단청으로 장엄한 궁전은
마치 하늘 궁전이 땅에 내린 것 같았으니
보는 것은 모두가 신비하고
듣는 것 또한 황홀하였다.

이렇게 모든 것을 마치고 그 부친 다윗이 드린 은과 금과 모
든 기구를 가져다가 하나님의 전 곳간에 두었다. 이에 솔로몬이
여호와의 언약궤를 다윗성 곧 시온에서 메어 올리고자 하여 이스
라엘 장로들과 모든 지파의 두목 곧 이스라엘 자손의 족장들을
다 예루살렘으로 소집하니 칠월 절기에 이스라엘 모든 사람이 다
왕에게로 모이고 이스라엘 장로들이 다 이르매 레위 사람이 궤를
메니라. 궤와 회막과 장막 안에 모든 거룩한 기구를 메고 올라가
되 제사장과 레위 사람이 그것들을 메고 올라가매 솔로몬 왕과
그 앞에 모인 이스라엘 회중이 궤 앞에 있어 양과 소로 제사를
드렸으니 그 수가 많아 기록할 수도 없고 셀 수도 없었다.
　이때에는 제사장들이 그 반차대로 하지 아니하고 스스로 정결
케 하고 성소에 있다가 나오매 노래하는 레위 사람 아삽과 헤만
과 여두둔과 그 아들들과 형제들이 다 세마포를 입고 단 동편에

서서 제금과 비파와 수금을 잡고 또 나팔 부는 제사장 1백20인이 함께 서 있다가 나팔 부는 자와 노래하는 자가 일제히 소리를 발하여 여호와를 찬송하였다.

"선하시도다. 그 자비하심이 영원히 있도다."

그 때 여호와의 전에 구름이 가득한지라 제사장이 그 구름으로 인하여 능히 서서 섬기지 못하였다.

솔로몬이 기도하였다.

"하나님이 참으로 사람과 함께 땅에 거하시리이까. 하늘과 하늘들의 하늘이라도 주를 용납지 못하겠거든 하물며 내가 건축한 이 전이오리까. 그러나 나의 하나님 여호와여 종의 기도와 간구를 돌아보시며 종이 주의 앞에서 부르짖음과 비는 기도를 들으시옵소서. 주께서 전에 말씀하시기를 내 이름을 거기 두리라 하신 곳 이 전을 향하여 주의 눈이 주야로 보옵시며 종이 이곳을 향하여 비는 기도를 들으시옵소서. 종과 주의 백성 이스라엘이 이곳을 향하여 기도할 때 주는 그 간구함을 들으시되 주의 계신 곳 하늘에서 들으시고 들으시사 사하여 주옵소서."

〈역대하 5장~6장〉

지심정천(至心頂天)

지극한 마음이
하늘에 닿았다.

입지가 분명하니
어떤 악이 가히 가까이 할 수 있으랴!

2. 축복받은 솔로몬

솔로몬이 기도를 마치매 불이 하늘에서부터 내려와서 그 번제물과 제물들을 사르고 여호와의 영광이 그 전에 가득하니 제사장들이 그 전에 능히 들어가지 못하였고 이스라엘 모든 자손은 불이 내리는 것과 여호와의 영광이 전에 있는 것을 보고 박석 깐 땅에 엎드려 경배하며 여호와께 감사하였다. 이날 들어간 제물과 소가 2만2천이요 양이 12만이 되었다.

그때 솔로몬이 7일 동안 절기를 지켜 하맛 어귀에서부터 애굽 하수까지의 온 이스라엘의 백성들이 꽉 찼었다.

그날 밤 여호와께서 솔로몬에게 나타나 말했다.

"내가 이미 네 기도를 듣고 이곳을 택하여 내게 제사하는 전을 삼았으니 혹 내가 하늘을 닫고 비를 내리지 아니하거나 혹 메뚜기로 토산을 먹게 하거나 혹 염병으로 내 백성 가운데 유행하게 할 때 내 이름으로 일컫는 내 백성이 그 악한 길에서 떠나 스스로 겸비하고 기도하여 내 얼굴을 구하면 내가 하늘에서 듣고 그 죄를 사하고 그 땅을 고치리라. 이곳에서 하는 기도에 내가 눈을 들고 귀를 기울이리니 이는 내가 이미 이 전을 택하고 거룩하게 하여 내 이름으로 여기 영영히 있게 하였음이라. 내 눈과 내 마음이 항상 여기 있으리라. 네가 만일 내 앞에서 행하기를 네 아비 다윗 같이 하여 내가 네게 명한 모든 것을 행하여 내 율례와 규례를 지키면 내가 네 나라 위를 견고케 하되 전에 내가 네 아비 다윗과 언약하기를 이스라엘을 다스릴 자가 네게서 끊어지지 아니하리라 한대로 하리라.

그러나 너희가 만일 돌이켜 내가 너희 앞에 둔 내 율례와 명

령을 버리고 가서 다른 신을 섬겨 숭배하면 내가 저희에게 준 땅
에서 그 뿌리를 뽑아내고 내 이름을 위하여 거룩하게 한 이 전을
내 앞에서 버려 모든 민족 중에 속담거리와 이야기 거리가 되게
하리라."

〈역대하 7장〉

경명지체(鏡明之體)

아버지의 거울에
아들의 그림자가 나타나다.

맑은 물에 푸른 산
청백가풍(淸白家風)에
해인삼매(海印三昧)로다.

이렇게 20년 동안 건축을 마치고 후람이 자기에게 준 성읍들
을 다시 건축하여 이스라엘 자손으로 거기 거하게 하였다. 또 하
맛소바를 쳐서 취하고 또 광야에서 다드몰을 건축하고 하맛에 모
든 국고성을 건축하고 성과 문을 예루살렘과 레바논과 그 다스리
는 온 땅에 건축하고자 하던 것을 다 건축하였다.
   솔로몬이 바로의 딸을 데리고 다윗성에서부터 저를 위하여 건
축하고 1년의 세 절기 무교절과 칠칠절과 초막절에 제사를 드렸
다.
   때에 솔로몬의 에돔 땅의 바닷가에 시온게벨과 엘롯에 이르렀
더니 후람이 그 종들을 보내어 오빌에서 금 4백5십 달란트를 얻
어왔다.

스바 여왕이 솔로몬의 명예를 듣고 와서 놀라 그 지혜를 크게 칭찬하고 금 120달란트를 바쳤고, 솔로몬의 지혜를 듣고 그의 얼굴을 보기 위해 오는 사람마다 예물을 가지고 와 솔로몬 왕의 재산이 열왕의 재산보다 훨씬 많았다.

솔로몬의 병거 메는 말의 외양간이 4천이요, 마병이 1만2천이라 병거성에도 두고 예루살렘 왕에게도 두었으며, 솔로몬이 유브라데강에서부터 블레셋 땅과 애굽 지경까지의 열왕을 관할하였으며, 왕이 예루살렘에서 은을 돌같이 흔하게 하고 백향목을 평지의 뽕나무같이 많게 하였더라.

이렇게 40년 동안 다스리다가 죽어 다윗성에 장사지내니 그의 아들 르호보암이 왕위를 계승하였다.

〈역대하 8장~9장〉

백가쟁명(百家爭鳴)

온갖 집에서 다투어 축하하니
천당·극락이 따로 없다.

굽히고 펴는 것이 걸림 없고
가고 오는 세상이 모두 한 길이 되었다.

3. 르호보암과 여로보암

르호보암이 세겜으로 가 왕위에 오르고자 하니 느밧의 아들 여로보암이 전에 솔로몬왕의 얼굴을 피하여 애굽으로 도망하여 있었더니 이 일을 듣고 애굽에서부터 돌아와 "우리에게 멍에를 가볍게 해주면 섬기겠나이다" 하니 3일 말미를 두고 노년층과 청년층과 의논, 청년층의 의논으로 말하였다. 이에 온 이스라엘 백성들이 르호보암에게 등을 돌리고 여로보암을 이스라엘의 왕으로 추대하였다.

유다의 르호보암왕이 역군의 감독 하도람을 보내었더니 이스라엘 자손들이 저를 돌로 쳐 죽인지라 르호보암왕이 급히 수레에 올라 예루살렘으로 도망하였다.

이에 르호보암이 예루살렘에 이르러 유다와 베냐민 족속을 모으니 택한 용사가 18만이라 이스라엘과 싸워 나라를 회복하여 르호보암에게 돌리려 하더니 여호와의 말씀이 싸우지 말고 각기 집으로 돌아가라 하여 각기 돌아갔다.

르호보암이 예루살렘에 거하여 유다 땅에 방비하는 성읍들을 건축하였으니 곧 베들레헴과 에담·드고아·벧술·소고·아둘람·가드·마레사·십·아도라임·라기스·아세가·소라·아얄론·헤브론이니 다 유다와 베냐민 땅에 있어 견고한 성읍이었다.

르호보암이 이 모든 성읍을 더욱 견고케 하고 장관을 그 가운데 두고 양식과 기름과 포도주를 저축하고 각 성읍에 방패와 창을 두어 심히 강하게 하니라. 유다와 베냐민이 르호보암에게 속하였다.

〈역대하 10장~11:12〉

절마함규(切磨箴規)

치고 받고 싸우면서
잘 잘못을 경계한 것이

이제 와서 바른 의존시켜
질서가 정연하게 되었다.

온 이스라엘의 제사장과 레위 사람이 그 모든 지방에서부터
르호보암에게 돌아오되 레위 사람이 그 향리와 산업을 떠나 유다
와 예루살렘에 이르렀으니 이는 여로보암과 그 아들들이 저희를
폐하여 여호와께 제사장의 직분을 행치 못하게 하고 여로보암이
여러 산당과 수염소 우상과 자기가 만든 송아지 우상을 위하여
스스로 제사장들을 세움이라 이스라엘 모든 지파 중에 마음을 오
로지하여 이스라엘 하나님 여호와를 구하는 자들이 레위 사람을
따라 예루살렘에 이르러 그 열조의 하나님 여호와께 제사하고자
한지라 그러므로 3년 동안 유다 나라를 도와 솔로몬의 아들 르호
보암을 강성하게 하였다.

<역대하 11:13~17>

성상불판(性相不辨)

속과 겉이 다른 세상
성상을 판단 못하니

죽은 재에서 살아난 불이
묵은 재를 다시 한번 사르게 한다.

르호보암이 다윗의 아들 여리못의 딸 마할랏으로 아내를 삼았
으니 마할랏은 이새의 아들 엘리압의 딸 아비하일의 소생이라.
그가 아들들 곧 여우스와 스마랴와 사함을 낳았으며, 그 후에 압

살롬의 딸 마아가에게 장가 들었더니 저가 아비야와 앗대·시사·슬로밋을 낳았더라.

르호보암이 아내 18과 첩 60을 취하여 아들 28과 딸 60을 낳았으나 압살롬의 딸 마아가를 모든 처첩보다 더 사랑하여 마아가의 아들 아비야를 세워 장자를 삼아 형제 중에 머리가 되게 하였으니 이는 저로 왕이 되게 하고자 함이라. 르호보암이 지혜롭게 행하여 그 모든 아들을 유다와 베냐민의 온 땅 모든 견고한 성읍에 흩어 살게 하고 양식을 후히 주고 아내를 많이 구하여 주었다.

르호보암의 나라가 견고하고 세력이 강해지자 여호와의 율법을 버리니 온 이스라엘이 본받은지라 저희가 여호와께 범죄하였으므로 르호보암 왕 5년에 애굽 왕 시삭이 예루살렘을 치러 올라왔다. 저에게 병거가 1천 2백승이요 마병이 6만이며 애굽에서 좇아나온 무리 곧 **훕**과 숩과 구스 사람이 불가승수라. 시삭이 유다의 견고한 성읍을 취하고 예루살렘에 이르니 때에 유다 방백들이 시삭을 인하여 예루살렘에 모였는지라. 선지자 스마야가 르호보암과 방백들에게 나아와 "여호와의 말씀이 너희가 나를 버렸으므로 나도 너희를 버려 시삭의 손에 붙였노라" 하셨다고 하였다.

〈역대하 11:18~12:5〉

오비이락(烏飛梨落)

까마귀 날자 배 떨어진다고
아버지 가시니 아들이 수난을 보는구나.

사랑이 있으면 적이 없어진다.
관용이 없으면 적반하장이다.

애굽 왕 시삭이 올라와서 예루살렘을 치고 여호와의 전 보물과 왕궁의 보물을 몰수히 빼앗고 솔로몬의 만든 금방패도 빼앗은지라 르호보암 왕이 그 대신에 놋으로 방패를 만들어 궁문을 지키는 시위대 장관들의 손에 맡기매 왕이 여호와의 전에 들어갈 때마다 시위하는 자가 그 방패를 들고 갔다가 시위소로 도로 가져갔더라. 르호보암이 스스로 겸비하였고 유다에 선한 일도 있으므로 여호와께서 노를 돌이키사 다 멸하지 아니하셨더라.

르호보암 왕이 예루살렘에서 스스로 강하게 하여 치리하니 르호보암이 위에 나아갈 때 나이 41세라. 예루살렘 곧 여호와께서 이스라엘 모든 지파 중에서 택하여 그 이름을 두신 성에서 17년을 치리하였다.

〈역대 하 13:9~16〉

인자측은(仁者惻隱)

믿고 고운 맘 없이
측은히 여겨주는 것이 사람이다.

그러니 잠깐 넘어지는 사이라도
이 사람을 잊어서는 아니된다.

여로보암왕 제18년에 아비야가 유다 왕이 되고 예루살렘에서 3년을 치리하였다. 아비야가 여로보암으로 더불어 싸을 때 아비야는 택한바 싸움에 용맹한 군사 40만으로 싸움을 예비하였고 여로보암은 택한바 큰 용사 80만으로 대진한지라 아비야가 에브라임 산 중 스마라임 산 위에 서서 가로되

　"여로보암과 이스라엘 무리들아 다 들으라. 이스라엘 하나님 여호와께서 소금 언약으로 이스라엘 나라를 영원히 다윗과 그 자손에게 주신 것을 너희가 알 것이 아니냐. 다윗의 아들 솔로몬의 신복 느밧의 아들 여로보암이 일어나 그 주를 배반하고 난봉과 비류가 모여 좇으므로 스스로 강하게 하여 솔로몬의 아들 르호보암을 대적하나 그때 르호보암이 어리고 마음이 연약하여 능히 막지 못하였었느니라. 이제 너희가 또 다윗 자손의 손으로 다스리는 여호와의 나라를 대적하려 하는도다. 너희는 큰 무리요 또 여로보암이 너희를 위하여 신으로 만든 금송아지가 너희와 함께 있도다. 너희가 아론 자손 된 여호와의 제사장과 레위 사람을 쫓아 내고 이방 백성의 풍속을 좇아 제사장을 삼지 아니하였느냐. 무론 누구든지 수송아지 하나와 수양 일곱을 끌고 와서 장립을 받고자 하는 자마다 허무한 신의 제사장이 될 수 있도다. 우리에게는 여호와께서 우리 하나님이 되시니 그를 우리가 배반치 아니하였고, 여호와를 섬기는 제사장들이 있으니 아론의 자손이요 또 레위 사람이 수종을 들어 조석으로 여호와 앞에 번제를 드리며 분향하며 또 깨끗한 상에 진설병을 놓고 또 금 등대가 있어 그 등에 저녁마다 불을 켜나니 우리는 우리 하나님 여호와의 계명을 지키나 너희는 그를 배반하였느니라. 하나님이 우리와 함께 하사 우리의 머리가 되시고 그 제사장들도 우리와 함께 하여 경고의 나팔을 불어 너희를 공격하느니라. 이스라엘 자손들아, 너희 열조의 하나님 여호와와 싸우지 말라. 너희가 형통치 못하리라."

　여로보암이 유다의 뒤를 둘러 복병하였으므로 그 앞에는 이스라엘 사람이 있고 그 뒤에는 복병이 있는지라 유다 사람이 돌이켜 보고 자기 앞 뒤의 적병을 인하여 여호와께 부르짖고 제사장은 나팔을 부니라. 유다 사람이 소리 지르매 유다 사람의 소리지를 때 하나님이 여로보암과 온 이스라엘을 아비야와 유다 앞에서 쳐서 패하게 하시니 이스라엘 자손이 유다 앞에서 도망하는지라. 하나님이 그 손에 붙이신 고로 아비야와 그 백성이 크게 도륙하니 이스라엘의 택한 병정이 죽임을 입고 엎드러져 죽은 자가 50만이나 되었다. 그때 이스라엘 자손이 항복하고 유다 자손이 이기었으니 이는 저희가 그 열조의 하나님 여호와를 의지하였음이라. 아비야가 여로보암을 쫓아가서 그 성읍들을 빼앗았으니 곧 벧엘과 여사나와 에브론과 그 동네라. 아비야 때 여로보암이 다시 강성하지 못하고 여호와의 치심을 입어 죽었고, 아비야는 점점 강성하며 아내 14명을 취하여 아들 22명과 딸 16명을 낳았더라.

〈역대하 13장〉

명약관화(明若觀火)

대낮에 불을 보는 격이다.
어찌 하늘을 속이고 땅을 속일 수 있겠는가.

천강만호가 근원은 하나이나
한 파도 속에서만 파도가 일어난다.

4. 아사 왕과 여호사밧

아비야가 그 열조와 함께 자매 다윗성에 장사되고 그 아들 아사가 대신하여 왕이 되니 그 시대에 그 땅이 10년을 평안하니라. 아사가 그 하나님 여호와 보시기에 선과 정의를 행하여 이방 제단과 산당을 없이하고 주상을 훼파하며 아세라 상을 찍고 유다 사람을 명하여 그 열조의 하나님 여호와를 구하게 하며 그 율법과 명령을 행하게 하고 또 유다 모든 성읍에서 산당과 태양상을 없이하매 나라가 그 앞에서 평안함을 얻었느니라.

구스 사람 세라가 저희를 치려 하여 군사 100만과 병거 3백승을 거느리고 마레사에 이르매 아사가 마주 나아가서 마레사의 스바다 골짜기에 진 치고 하나님께 기도하였더니 구스 사람을 아사와 유다 사람 앞에서 쳐서 패하게 하시니 구스 사람이 도망치는지라 아사와 그 쫓는 자가 구스 사람을 쫓아 그랄까지 이르매 이에 구스 사람이 엎드러지고 살아남은 자가 없었다.

하나님의 신이 오뎃의 아들 아사랴에게 임하셔 저가 나가서 아사를 맞아 이르되 여호와께 제사를 드리고 또 마음과 성품을 다하여 열조의 하나님 여호와를 찾기로 언약하였다.

아사왕 36년에 이스라엘 왕 바아사가 유다를 치려 올라와서 라마를 건축하여 사람을 유다 왕 아사에게 왕래하지 못하게 하려 한지라 아사가 여호와의 전과 왕궁 곳간의 은금을 취하여 다메섹 아람 왕 벤하닷에게 보내며 약조하되 내 부친과 당신의 부친 사이와 같이 나와 당신 사이에 약조하여 이스라엘을 치자 하여 이스라엘을 치고 금은 재물을 빼앗아 게바와 미스바를 건축하였다.

아사의 시종 행적은 유다와 이스라엘 열왕기에 기록되어 있고, 아사가 왕이 된 지 39년에 그 발이 병들어 심히 중하나 병이 있을 때 저가 여호와께 구하지 아니하고 의원들에게 구하다가 죽어 장사지냈다.

〈역대하 14장~16장〉

군웅활거(群雄活据)

천지가 무너지니
군웅이 활거한다.

하늘 땅이 빛을 잃고
해와 달도 광명을 내지 못한다.

아사의 아들 여호사밧이 대신하여 왕이 되어 스스로 강하게
하여 이스라엘을 방비하되 유다 모든 견고한 성읍에 군대를 주둔
하고 또 유다 땅과 그 아비 아사의 취한바 에브라임 성읍들에 영
문을 두었고 여호와께서 함께 하였다.

여호사밧에게 예물을 드리며 은으로 공을 바쳤고 아라비아 사
람도 짐승떼 곧 수양 7천7백과 수염소 7천7백을 드렸더라. 여호
사밧이 점점 강대하여 유다에 견고한 채와 국고성을 건축하고 유
다 각 성에 역사를 많이 하고 또 예루살렘에 크게 용맹한 군사를
두었다.

여호사밧이 부귀와 영광이 극하였고 아합으로 더불어 연혼하
였다. 그 후 여러 사람과 연합하여 국토를 넓히고 행정을 엄정히
하였다. 이스라엘 왕 아하시야와 교제하고 여호사밧이 그 열조와
함께 다윗성에 장사 되고 그 아들 여호람이 왕이 되니라.

〈역대하 17장~20장〉

절의염퇴(節義廉退)

예절과 의리를 지키고
청렴결백하게 사는 것은

남의 앞에 나서지 않고
항상 뒷자리 서서 물러설 줄 알아야 한다.

5. 여호람 · 아하시야 · 아달랴 · 요아스

여호사밧의 아들 여호람의 아우 아사랴와 여히엘 · 스가랴 · 아사랴 · 미가엘 · 스바댜는 다 유다 왕 여호사밧의 아들이라. 그 부친이 저희에게는 은금과 보물과 유다 견고한 성읍들을 선물로 후히 주었고 여호람은 장자인 고로 왕위를 주었더니 여호람이 그 부친의 위에 올라 세력을 얻은 후에 그 모든 아우와 이스라엘 방백 중 몇 사람을 칼로 죽였는데, 아합의 딸이 그 아내가 되었고 여호와 보시기에 악하였다.

그러나 여호와께서 다윗의 집을 멸하기를 즐겨하지 아니하셨음은 이전에 다윗으로 더불어 언약을 세우시고 또 다윗과 그 자손에게 항상 등불을 주겠다고 허락하셨기 때문이다.

여호람이 또 유다 여러 산에 산당을 세워 예루살렘 거민으로 음란하듯 우상을 섬기게 하고 또 유다를 미혹케 하였으므로 선지자 엘리야가 여호람에게 글을 보내 나무랐으나 듣지 않으므로 여호와께서 블레셋 사람과 구스에서 가까운 아라비아 사람의 마음을 격동시켜 여호람을 쳤다.

유다를 침노하여 왕궁의 모든 재물과 그 아들들과 아내들을 탈취하였으므로 말째 아들 여호아하스 외에는 한 아들도 남지 아니하였다. 또 병이 그 창자에 들게 하여 여러 날 후에는 그 창자가 빠져나오게 되어 저가 그 심한 병으로 죽었다. 여호람이 32세에 즉위하고 예루살렘에서 8년을 치리하다가 아끼는 자 없이 세상을 떠나 무리가 저를 다윗성에 장사하였다.

〈역대하 21장〉

동념즉괴(動念卽乖)

생각만 일으키면
모두 어긴다.

하늘 생각은 하지 않고
자기 살 궁리만 하기 때문이다.

예루살렘 거민이 여호람의 말째 아들 아하시야를 나이 42에 왕위를 계승하게 하였다. 그의 어머니는 아달랴로 오므리의 손녀였다. 그래서 아하시야도 아합의 집 길로 행하였으니 이는 그 모친이 꾀어 악을 행하게 하였기 때문이다.

아하시야가 아합의 집 교도를 좇고 이스라엘 왕 아합의 아들 요람과 함께 길르앗 라못으로 가서 아람 왕 하사엘로 더불어 싸우더니 라마에서 상처를 입고 이스르엘로 돌아왔다. 아합의 아들 요람이 병이 있으므로 유다 왕 여호람의 아들 아사랴가 이스르엘에 내려가서 방문하였다.

아하시야가 요람에게 가므로 해를 받았으니 이는 하나님께로 말미암은 것이라 아하시야가 갔다가 요람과 함께 나가서 님시의 아들 예후를 맞았으니 그는 여호와께서 기름을 부으시고 아합의 집을 멸하게 하신 자더라. 예후가 아합의 집을 징벌할 때 유다 방백들과 아하시야의 형제 아들들 곧 아하시야를 섬기는 자들을

만나서 죽였고 아하시야는 사마리아에 숨었더니 예후가 찾아 죽
였다.

〈역대하 22:1~10〉

전패비후(顚沛匪虧)

엎어지고 자빠지고
어떠한 난관이 있더라도

절의와 청렴으로 물러설 줄 아는
용퇴를 가져야 한다.

　아하시야의 모친 아달랴가 그 아들의 죽는 것을 보고 일어나
유다 집의 왕의 씨를 진멸하였으나 왕의 딸 여호사브앗이 아하시
야의 아들 요아스를 도적하여 내고 저와 그 유모를 침실에 숨겨
아달랴를 피하게 하였다. 요아스가 저희와 함께 하나님의 전에 6
년을 숨어 있는 동안에 아달랴가 나라를 다스렸다.
　제7년에 여호야다가 세력을 내어 백부장 곧 여로함의 아들 아
사랴와 야호하난의 아들 이스마엘과 오벳의 아들 아사랴와 아다
야의 아들 마아세야와 시그리의 아들 엘리사밧 등으로 더불어 언
약을 세우고 왕위에 오르자 아달랴가 반역이다 소리 질렀다. 마
을 밖으로 쫓겨나 죽었다.
　여호야다가 자기와 뭇백성과 왕의 사이에 언약을 세워 여호와
의 백성이 되리라 한지라. 온 국민이 바알의 당으로 가서 그 당
을 훼파하고 그 단들과 우상들을 깨뜨리고 그 단 앞에서 바알의
제사장 맛단을 죽이니라. 여호야다가 여호와의 전의 직원을 세워

제사장 레위 사람의 수하에 맡기니 이들은 다윗이 전에 그 반차를 나누어서 여호와의 전에서 모세의 율법에 기록한 대로 여호와께 번제를 드리며 자기의 정한 규례대로 즐거이 부르고 노래하게 하였다.

〈역대하 23장〉

골육상쟁(骨肉相爭)

골육이 서로 싸우니
천하에 적이 따로 없었다.

풀속에 몸을 숨기는 자가
겨우 생명을 건질 수 있었다.

요아스가 위에 나아갈 때에 나이 7세라 예루살렘에서 40년을 치리하니라. 그 모친의 이름은 시비아요 브엘세바 사람이다. 제사장 여호야다가 세상에 사는 모든 날에 요아스가 여호와 보시기에 정직히 행하였으며 여호야다가 왕으로 두 아내에게 장가들게 하였더니 자녀를 낳았다. 그 후에 요아스가 여호와의 전을 중수할 뜻을 두고 제사장과 레위 사람을 모으고 저희에게 일렀으나 듣지 않자 한 궤를 만들어 정한 세를 드린 돈으로 성전을 모두 수리하고 남은 돈으로 여호와의 전에 쓸 그릇까지 만들었다.

여호야다가 130세에 죽으니 열왕의 묘실에 장사지냈다. 여호야다가 죽은 후에 유다 방백들이 와서 왕에게 절하매 왕이 그의 말을 듣고 그 열조의 하나님 여호와의 전을 버리고 아세라 목상과 우상을 섬긴 고로 이 죄로 인하여 진노가 유다와 예수살렘에 임했다.

이에 하나님의 신이 제사장 여호야다의 아들 스가랴를 감동시키시매 저가 백성 앞에 높이 서서 저희에게 이르길 너희가 여호와를 버린 고로 여호와께서도 너희를 버리셨다 하니, 무리가 듣지 않고 왕의 명을 좇아 여호와의 전 뜰안에서 돌로 쳐 죽였다. 요아스왕이 이와 같이 스가랴의 아비 여호야다의 베푼 은혜를 생각지 아니하고 그 아들을 죽이니 저가 죽을 때 "여호와는 감찰하시고 신원하여 주옵소서" 하였다.

일주년 후에 아람 군대가 요아스를 치려 하여 올라와서 유다와 예루살렘에 이르러 백성 중에서 그 모든 방백을 멸절하고 노략한 물건을 다메섹 왕에게로 보냈다. 아람 군대가 적은 무리로 왔으나 여호와께서 심히 큰 군대를 그 손에 붙이셨으니 이는 유다 사람이 그 열조의 하나님 여호와를 버렸음이라. 요아스가 크게 상하매 적군이 버리고 간 후에 그 신복들이 제사장 여호야다의 아들들의 피로 인하여 모반하여 그 침상에서 쳐 죽인지라 다윗성에 장사하였으나 열왕의 묘실에는 들어가지 못했다. 그의 아들 아마샤가 왕위에 올랐다.

〈역대하 24장~25장〉

문곡탄성(聞哭嘆聲)

우는 소리 듣고
한탄하나

생각도 끊겨지고
인연도 잊었어라.

6. 아마샤·웃시야·요담·아하스

　아마샤가 위에 나아갈 때 나이 25세라 예루살렘에서 29년을 치리하였다. 그 모친의 이름은 여호앗단이요 예루살렘 사람이다. 아마샤가 여호와 보시기에 정직히 행하기는 하였으나 온전한 마음으로 행치 아니하였다. 그 나라가 굳게 서매 그 부왕을 죽인 신복들을 죽였으나 저희 자녀는 죽이지 아니하였다.

　아마샤가 유다 사람을 모으고 그 여러 족속을 따라 천부장과 백부장을 세우되 유다와 베냐민을 함께 그리하고 20세 이상으로 계수하여 창과 방패를 잡고 능히 전장에 나갈 만한 자 30만을 얻고 또 은 100달란트로 이스라엘 나라에서 큰 용사 10만을 삯내었더니 어떤 하나님의 사람이 "왕이여 이스라엘 군대로 왕과 함께 가게 마옵소서. 여호와께서는 이스라엘 곧 온 에브라임 자손과 함께 하지 아니할 것입니다" 하여 에브라임에서 자기에게 온 군대를 구별하여 본곳으로 돌아가게 하였다.

　아마샤가 담력을 내어 그 백성을 거느리고 염곡에 이르러 세일 자손 1만을 죽이고 유다 자손이 또 1만을 사로잡아 가지고 바위 꼭대기에 올라가서 거기서 밀쳐 내려뜨려서 그 몸이 부서지게 하였다. 아마샤가 자기와 함께 전장에 나가지 못하게 하고 돌려보낸 군사들이 사마리아에서부터 벧호론까지 유다 성읍을 엄습하고 사람 3천을 죽이고 물건을 많이 노략하였다.

　아마샤가 에돔 사람을 도륙하고 돌아올 때 세일 자손의 우상들을 가져다가 자기의 신으로 세우고 그 앞에 경배하며 분향하는 것을 보고 여호와께서 노하사 한 선지자를 보내 일렀으나 듣지 아니하였다.

이스라엘 왕 요아스가 죽은 후에도 유다 왕 요아스의 아들 아마샤가 15년을 생존하였다. 아마샤가 돌이켜 여호와를 버린 후로부터 예루살렘에서 무리가 저를 모반한 고로 저가 라기스로 도망하였더니 모반한 무리가 사람을 라기스로 따라 보내어 저를 거기서 죽이게 하고 그 시체를 말에 실어다가 그 열조와 함께 유다 성읍에 장사하였다.

〈역대하 25장〉

각분위향(刻糞爲香)

똥을 깎아 향을 만드니
궂은 냄새만 더욱 심하도다.
사면초가(四面楚歌)
탐세부명(貪世浮名)이로다.

유다 온 백성이 웃시야로 그 부친 아마샤를 대신하여 왕을 삼으니 때에 나이 16세라. 왕이 그 열조와 함께 잔 후에 웃시야가 엘롯을 건축하여 유다에 돌렸더라. 예루살렘에서 52년을 치리하니라. 그 모친의 이름은 여골리아요 예루살렘 사람이다. 웃시야가 그 부친 아마샤의 모든 행위대로 여호와 보시기에 정직히 행하며 하나님의 묵시를 밝히 아는 스가랴의 사는 날에 하나님을 구하였고 저가 여호와를 구할 동안에는 하나님이 형통케 하셨다.
웃시야가 나가서 블레셋 사람과 싸우고 가드성과 야브네성과 아스돗성을 헐고 아스돗 땅과 블레셋 사람 가운데 성읍들을 건축하매 하나님이 도우사 블레셋 사람과 구르바알에 거한 아라비아 사람과 마온 사람을 치게 하신지라 암몬 사람이 웃시야에게 조공을 바치매 웃시야가 심히 강성하여 이름이 애굽 변방까지 퍼졌다.

웃시야가 예루살렘에서 성 모퉁이 문과 골짜기 문과 성굽이에 망대를 세워 견고하게 하고, 또 거친 땅에 망대를 세우고 물웅덩이를 많이 팠으니 평야와 평지에 육축을 많이 기름이며 또 여러 산과 좋은 밭에 농부와 포도원을 다스리는 자를 두었으니 농사를 좋아함이다.

웃시야에게 또 싸우는 군사가 있으니 서기관 여이엘과 영장 마아세야의 조사한 수효대로 왕의 장관 하나냐의 수하에 속하여 떼를 지어 나가서 싸우는 자의 족장의 총수가 2천6백 명이니 모두 큰 용사요 그 수하의 군대가 3십만7천5백 명이라. 건장하고 싸움에 능하여 왕을 도와 대적을 치는 자며 웃시야가 그 온 군대를 위하여 방패와 창과 투구와 갑옷과 활과 물매 돌을 예비하고, 또 예루살렘에서 공교한 공장으로 기계를 창작하여 망대와 성곽 위에 두어 살과 큰 돌을 발하게 하였으니 그 이름이 원방에 퍼짐은 기이한 도우심을 얻어 강성하여짐이다.

저가 강성하여지매 그 마음이 교만하여 악을 행하여 그 하나님 여호와께 범죄 하되 곧 여호와의 전에 들어가서 향단에 분향하려다가 문둥병이 들어 죽었다.

〈역대하 26장〉

하심공경(下心恭敬)

벼슬이 높을수록 하심해야 하고
자리가 귀할수록 공경해야 한다.
경만타인(輕慢他人)하면
백가지 허물이 함께 일어난다.

　요담이 위에 나아갈 때 나이 25세라 예루살렘에서 16년을 치리하니라. 그 모친의 이름은 여루사요 사독의 딸이다. 요담이 그 부친 웃시야의 모든 행위대로 여호와 보시기에 정직히 행하였으나 여호와의 전에는 들어가지 아니하였고 백성은 오히려 사악을 행하였다. 저가 여호와의 전 윗문을 건축하고 또 오벨성을 많이 증축하고 유다 산중에 성읍을 건축하며 수풀 가운데 견고한 영채와 망대를 건축하고 암몬 자손의 왕으로 더불어 싸워 이기었더니 그 해 암몬 자손으로 100달란트와 밀 1만석과 보리 1만석을 드렸고, 제2년과 제3년에도 그와 같이 드렸더라. 요담이 그 하나님 여호와 앞에서 정도를 행하였으므로 점점 강하여졌다. 저가 그 열조와 함께 자매 다윗성에 장사되고 그 아들 아하스가 대신하여 왕이 되었다.

　아하스가 위에 나아갈 때 나이 20세였다. 예루살렘에서 16년을 치리하였으나 그 조상 다윗과 같지 아니하여 여호와 보시기에 정직히 행치 아니하고 이스라엘 열왕의 길로 행하여 바알들의 우상을 부어 만들고 또 힌놈의 아들 골짜기에서 분향하고 여호와께서 이스라엘 자손 앞에서 쫓아내신 이방 사람의 가증한 일을 본받아 그 자녀를 불사르고 또 산당과 작은 산위와 모든 푸른 나무 아래서 제사를 드리며 분향하였다. 그러므로 그 하나님 여호와께서 아람 왕의 손에 붙이시매 저희가 쳐서 심히 많은 무리를 사로잡아 가지고 다메섹으로 갔으며, 또 이스라엘 왕의 손에 붙이시매 저가 쳐서 크게 살륙하였으니 이는 그 열조의 하나님 여호와를 버렸음이다.

　르말랴의 아들 베가가 유다에서 하루 동안에 용사 12만 명을 죽였으며 에브라임의 용사 시그리는 왕의 아들 마아세야와 궁내 대신 아스리감과 총리대신 엘가나를 죽였다.

이스라엘 자손이 그 형체 중에서 그 아내와 자녀 합하여 20만 명을 사로잡고 그 재물을 많이 노략하여 사마리아로 가져가니 그 곳에 여호와의 선지자 오뎃이 있어 포로들을 놓아주라 하였다.

〈역대하 28:1~12〉

자비무적(慈悲無敵)

사랑하고 어여삐 여기면
적이 없게 된다.

참 마음으로 만물을 지키면
그 의지가 충만해지기 때문이다.

에브라임 자손의 두목 몇 사람 곧 요하난의 아들 아사랴와 무실레못의 아들 베레갸와 살룸의 아들 여히스기야와 하들래의 아들 아마사가 일어나서 전장에서 돌아오는 자를 막으며 저희에게 이르되 "너희는 이 포로를 이리로 끌어 들이지 못하리라. 너희의 경영하는 일이 우리로 여호와께 허물이 있게 함이니 우리의 죄와 허물을 더하게 함이로다. 우리의 허물이 이미 커서 진노하심이 이스라엘에게 임박하였느니라" 하니 이에 병기를 가진 사람이 포로와 노략한 물건을 방백들과 온 회중 앞에 두었다. 이 위에 이름이 기록된 자들이 일어나서 포로를 맞고 노략하여 온 중에서 옷을 취하여 벗은 자에게 입히며 신을 신기며 먹이고 마시며 기름을 바르고 그 약한 자는 나귀에 태워 데리고 종려나무 성 여리고에 이르러 그 형제에게 돌린 후에 사마리아로 돌아갔다.

그 때 아하스 왕이 앗수르 왕에게 보내어 도와주기를 구하였으니 이는 에돔 사람이 다시 와서 유다를 치고 그 백성을 사로잡았음이며, 블레셋 사람도 유다의 평지와 남방 성읍들을 침노하여 벧세메스와 아얄론과 그데롯과 소고와 그 동네와 딤나와 그 동네와 김소와 그 동네를 취하고 거기 거하였으니 이는 이스라엘 왕 아하스가 유다에서 망령되이 행하여 여호와께 크게 범죄하였으므로 여호와께서 유다를 낮추심이다. 앗수르왕 디글랏빌레셀이 이르렀으나 돕지 아니하고 도리어 군박하였다.

아하스의 사적과 모든 행위는 유다와 이스라엘 열왕기에 기록되었다. 아하스는 그 열조와 이스라엘 열왕의 묘실에 들이지 아니하고 예루살렘성에 장사하였다. 그 아들 히스기야가 대신하여 왕이 되었다.

〈역대하 28:12~27〉

재전각해(在纏覺海)

깨달음의 마음이
티끌속에 파ane혔으니
환화혈루(幻化血淚)가
골짜기에 넘친다.

7. 히스기야와 므낫세·아몬

히스기야가 위에 나아갈 때 나이 25세였다. 예루살렘에서 29년을 치리하였다. 그 모친의 이름은 아비야요 스가랴의 딸이다. 히스기야가 그 조상 다윗의 모든 행위와 같이 여호와 보시기에 정직히 행하여 원년 정월에 여호와의 전 문들을 열고 수리하고 제사장들과 레위 사람들을 동편 광장에 모으고 성결케 하였다.

이에 레위 사람들이 일어나니 곧 그핫의 자손 중 아마새의 아들 마핫과 아사랴의 아들 요엘과 므라리의 자손 중 압디의 아들 기스, 여할렐렐의 아들 아사랴, 게르손 사람 중 심마의 아들 요아, 요아의 아들 에덴, 엘리사반의 자손 중 시므리와 여우엘과 아삽의 자손 중 스가랴와 맛다냐, 헤만의 자손 중 여후엘과 시므이, 여두둔의 자손 중 스마야와 웃시엘이다.

저희가 그 형제를 모아 성결케 하고 들어가서 왕이 여호와의 말씀대로 명한 것을 좇아 여호와의 전을 깨끗케 할 때 제사장들도 여호와의 전 안에 들어가서 깨끗케 하여 여호와의 전에 있는 모든 더러운 것을 끌어내어 여호와의 전 뜰에 이르매 레위 사람들이 취하여 바깥 기드론 시내로 가져갔다. 정월 초하루에 성결케 하기를 시작하여 그달 초팔일에 여호와의 낭실에 이르고 또 8일 동안 여호와의 전을 성결케 하여 정월 16일에 이르러 마쳤다.

〈역대하 29:1~19〉

견지아조(堅持雅操)

바른 지조를
굳게 지키면

스스로 좋은 벼슬길이
열리게 된다.

히스기야왕이 일찍이 일어나 성읍의 귀인들을 모아 여호와의 전에 올라가서 수송아지 일곱과 수양 일곱과 어린 양 일곱과 수염소 일곱을 끌어다가 나라와 성소와 유다를 위하여 속죄 제물을 삼고 아론의 자손 제사장들을 명하여 여호와의 단에 드리게 하니 이에 수소를 잡아서 제사장이 그 피를 받아 단에 뿌렸다.

왕이 레위 사람을 여호와의 전에 두어서 다윗과 왕의 선견자 갓과 선지자 나단의 명한 대로 제금과 비파와 수금을 잡게 하니 이는 여호와께서 그 선지자들로 이렇게 명하셨음이다. 레위 사람은 다윗의 악기를 잡고 제사장은 나팔을 잡고 서니 히스기야가 명하여 번제를 단에 드릴 때 번제 드리기를 시작하는 동시에 여호와의 시로 노래하고 나팔을 불며 이스라엘 왕 다윗의 악기를 울리고 온 회중이 경배하며 노래하는 자들은 노래하고 나팔 부는 자들은 나팔을 불어 번제를 마치기까지 이르렀다.

〈역대하 29:20~28〉

명묘묘각(明妙妙覺)

밝고 어두움이 동시에 드러나니
알고 모른 것을 두루 다 깨닫네.
만법이 신비롭게 두루 작용하니
세간 출세간법을 뛰어넘었다.

히스기야가 온 이스라엘과 유다에 사람을 보내고 또 에브라임과 므낫세에 편지를 보내어 예루살렘 여호와의 전에 와서 이스라엘 하나님 여호와를 위하여 유월절을 지키라 하였다. 왕이 방백들과 예루살렘 온 회중으로 더불어 의논하고 이월에 유월절을 지키려 하였으니 이는 성결케 한 제사장이 부족하고 백성도 예루살렘에 모이지 못한 고로 그 정한 때 지킬 수 없었음이다. 왕과 온 회중이 이 일을 선히 여기고 드디어 명을 발하여 브엘세바에서부터 단까지 온 이스라엘에 반포하여 일제히 예루살렘으로 와서 이스라엘 하나님 여호와의 유월절을 지키라 하니 이는 기록한 규례대로 오래 동안 지키지 못하였음이더라. 보발군들이 왕과 방백들의 편지를 받아가지고 왕의 명을 좇아 온 이스라엘과 유다에 두루 다니며 전하여 스블론까지 이르렀다.

그러나 사람들이 저희를 조롱하며 비웃었다. 그러나 아셀과 므낫세와 스블론 중에서 몇 사람이 스스로 겸비하여 예루살렘에 이르렀고, 하나님이 또한 유다 사람들을 감동시키사 저희로 왕과 방백들이 여호와의 말씀대로 전한 명령을 일심으로 준행하게 하셨다.

이월에 백성이 무교절을 지키려 하여 예루살렘에 많이 모이니 심히 큰 회라. 무리가 일어나 예루살렘에 있는 제단과 향단들을 모두 제하여 기드론 시내에 던지고 2월 14일에 유월절 양을 잡으니 제사장과 레위 사람이 부끄러워하여 성결케 하고 번제물을 가지고 여호와의 전에 이르러 규례대로 각각 자기 처소에 서고 하나님의 사람 모세의 율법을 좇아 제사장이 레위 사람의 손에서 피를 받아 뿌리니라. 회중에 많은 사람이 성결케 하지 못한 고로 레위 사람들이 모든 부정한 사람을 위하여 유월절 양을 잡아 저희로 여호와 앞에서 성결케 하였으나 에브라임과 므낫세와 잇사갈과 스블론의 많은 무리는 자기를 깨끗케 하지 아니하고 유월절 양을 먹어 기록한 규례에 어긴지라 히스기야가 위하여 기도하였다.

온 회가 다시 7일을 지키기로 결의하고 이에 또 7일을 즐거워하므로 그 소리가 들으신바 되고 그 기도가 여호와의 거룩한 처소 하늘에 상달하였더라.

이 모든 일이 마치매 거기 있는 이스라엘 무리가 나가서 유다 여러 성읍에 이르러 주상을 깨뜨리며 아세라 목상을 찍으며 유다와 베냐민과 에브라임과 므낫세 온 땅에서 산당과 단을 제하여 멸하고 이스라엘 모든 자손이 각각 그 본성 기업으로 돌아갔다.

히스기야가 제사장들과 레위 사람들의 반차를 정하고 각각 그 직임을 행하게 하되 곧 제사장들과 레위 사람들로 번제와 화목제를 드리며 여호와의 영문에서 섬기며 감사하며 찬송하게 하고, 또 자기 재산 중에서 얼마를 정하여 여호와의 율법에 기록된 대로 번제 곧 조석 번제와 안식일과 초하루와 절기의 번제에 쓰게 하고, 또 예루살렘에 거한 백성을 명하여 제사장들과 레위 사람들의 음식을 주어 저희로 여호와의 율법을 힘쓰게 하라 하였다. 왕의 명령이 내리자 곧 이스라엘 자손이 곡식과 포도주와 기름과 꿀과 밭의 모든 소산의 처음 것을 풍성히 드렸고, 또 모든 것의 십일조를 많이 가져왔으며, 유다 여러 성읍에 거한 이스라엘과 유다 자손도 소와 양의 십일조를 가져왔고, 또 그 하나님 여호와께 구별하여 드릴 성물의 십일조를 가져왔으며, 그것을 쌓아 더미를 이루었는데 삼월에 쌓기를 시작하여 칠월에 마쳤다. 히스기야와 방백들이 와서 더미를 보고 여호와를 송축하고 그 백성 이스라엘을 위하여 축복하였다.

〈역대하 30장~31:8〉

미묘절묘(微妙絶妙)

모양이 있고 없는 것과
생명이 있고 없는 것을

골고루 깨달아 알면서도
어느 곳에도 치우치지 않아야 진리다.

그 때 히스기야가 명하여 여호와의 전 안에 방을 예비하라 함
으로 드디어 예비하고 성심으로 그 예물과 십일조와 구별한 물건
을 갖다 두고 레위 사람 고나냐는 그 일을 주관하고 그 아우 시
므이는 버금이 되며 여히엘과 아사시야·나핫·아사헬·여리못·
요사밧·엘리엘·이스마야·마핫·브나야는 고나냐와 그 아우 시
므이의 수하에서 보살피는 자가 되니 이는 히스기야 왕과 하나님
의 전을 관리하는 아사랴의 명한 바며, 동문지기 레위 사람 임나
의 아들 고레는 즐거이 하나님께 드리는 예물을 맡아 여호와께
드리는 것과 모든 지성물을 나눠 주었다.

이 모든 충성된 일 후에 앗수르 왕 산헤립이 유다에 들어와서
견고한 성읍들을 향하여 진을 쳤지만 아무런 소용이 없었다.

그 후 앗수르 왕 산헤립이 그 온 군대를 거느리고 라기스를
치며 그 신복을 예루살렘에 보내어 유다 왕 히스기야와 예루살렘
에 있는 유다 무리에게 큰소리 쳤으나 무소득이었다.

산헤립의 신복들도 더욱 여호와 하나님과 그 종 히스기야를
비방하였으며, 산헤립이 또 편지를 써서 보내어 이스라엘 하나님
여호와를 욕하고 비방하였다.

이러므로 히스기야 왕이 아모스의 아들 선지자 이사야로 더불
어 하늘을 향하여 부르짖어 기도하였더니 여호와께서 한 천사를
보내어 앗수르 왕의 영에서 모든 큰 용사와 대장과 장관들을 멸
하신지라 앗수르 왕이 얼굴이 뜨뜻하여 그 고국으로 돌아가 모두
죽었다. 이와 같이 여호와께서 히스기야와 예루살렘 거민을 앗수
르 왕 산헤립의 손과 모든 적국의 손에서 구원하여 사면으로 보

호하시니 여러 사람이 예물을 가지고 예루살렘에 와서 여호와께 드리고 또 보물로 유다 왕 히스기야에게 드린지라 이 후부터 히스기야가 열국의 눈에 존대하게 되었다.

그 때 히스기야가 병들어 죽게 된 고로 여호와께 기도하니 여호와께서 그에게 대답하시고 또 이적으로 보이셨으나 히스기야가 마음이 교만하여 그 받은 은혜를 보답하지 아니하므로 진노가 저와 유다와 예루살렘에 임하게 되었다. 즉시 회개하여 히스기야 생전에는 저희에게 임하지 아니했다.

히스기야가 부와 영광이 극한지라 이에 은금과 보석과 향품과 방패와 온갖 보배로운 그릇들을 위하여 국고를 세우며 곡식과 새 포도주와 기름의 산물을 위하여 창고를 세우며, 온갖 짐승의 외양간을 세우며 양떼의 우리를 갖추며 양떼와 많은 소떼를 위하여 성읍들을 세웠으니, 이는 하나님이 저에게 재산을 심히 많이 주셨음이며, 이 히스기야가 또 기혼의 윗 샘물을 막아 그 아래로 좇아 다윗성 서편으로 곧게 인도하였으니 저의 모든 일이 형통하였다.

히스기야가 그 열조와 함께 자매 온 유다와 예루살렘 거민이 저를 다윗 자손의 묘실 중 높은 곳에 장사하여 저의 죽음에 존경함을 표하였다. 그 아들 므낫세가 대신하여 왕이 되었다.

〈역대하 31:11∼32장〉

혈루참회(血淚懺悔)

피눈물을 흘리면서
잘못을 뉘우치니

아버지의 분노가
사랑으로 변했다.

므낫세가 위에 나아갈 때 나이 12세였다. 예루살렘에서 55년을 치리하며 여호와 보시기에 악을 행하여 여호와께서 이스라엘 자손 앞에서 쫓아내신 이방 사람의 가증한 일을 본받아 그 부친 히스기야의 헐어버린 산당을 다시 세우며 바알들을 위하여 단을 쌓으며 아세라 목상을 만들며 하늘의 일월성신을 숭배하여 섬겼다.

이에 여호와께서 므낫세와 그 백성에게 이르셨으나 듣지 아니했다. 여호와께서 앗수르 왕의 군대 장관들로 와서 치게 하시매 저희가 므낫세를 사로잡고 쇠사슬로 결박하여 바벨론으로 끌어간지라 저가 환난을 당하여 그 하나님 여호와께 간구하고 그 열조의 하나님 앞에 크게 겸비하여 기도한고로 하나님이 그 기도를 받으셔서 다시 왕위에 거하게 하셨다.

그 후에 다윗성 밖 기혼 서편 골짜기 안에 외성을 쌓되 생선문 어귀까지 이르러 오벨을 둘러 심히 높이 쌓고 또 유다 모든 견고한 성읍에 군대 장관을 두며 이방 신들과 여호와의 전의 우상을 제하며 여호와의 전을 건축한 산에 와 예루살렘에 쌓은 모든 단을 다 성 밖에 던지고 여호와의 단을 중수하고 화목제와 감사제를 그 단 위에 드리고 유다를 명하여 이스라엘 하나님 여호와를 섬기라 하매 백성이 그 하나님 여호와께만 제사를 드렸으나 오히려 산당에서 제사를 드렸더라.

므낫세가 그 열조와 함께 자매 그 궁에 장사되고 그 아들 아몬이 대신하여 왕이 되니라. 아몬이 위에 나아갈 때 나이 22세라. 예루살렘에서 2년을 치리하며 그 부친 므낫세의 행함 같이 여호

와 보시기에 악을 행하여 범죄하더니 그 신복이 반역하여 왕을
궁중에서 죽이매 국민이 아문왕을 반역한 사람들을 다 죽이고 그
아들 요시야로 대신하여 왕을 삼으니라.

〈역대하 33장〉

수명생해(守名生解)

명예를 걸고 살아가니
말과 행이 착해졌다.

금칼로 눈을 닦으면
장님도 눈이 뜨이게 되어 있다.

8. 요시야 · 여호아하스 · 여호야김 · 여호야긴 · 시드기야

　요시야가 위에 나아갈 때 나이 8세였다. 예루살렘에서 31년을
치리하며 여호와 보시기에 정직히 행하여 그 조상 다윗의 길로
행하여 좌우로 치우치지 아니하고 오히려 어렸을 때 곧 위에 있
은 지 8년에 그 조상 다윗의 하나님을 비로소 구하고 그 12년에
유다와 예루살렘을 비로소 정결케 하여 그 산당과 아세라 목상들
과 아로새긴 우상들과 부어 만든 우상들을 제하였다.
　요시야가 위에 있은 지 18년에 그 땅과 전을 정결케 하기를
마치고 그 하나님 여호와의 전을 수리하려 하여 아살랴의 아들

사반과 부윤 마아세야와 서기관 요아하스의 아들 요아를 보낸지라. 저희가 대제사장 힐기야에게 나아가 전에 하나님의 전에 연보한 돈을 저에게 붙이니 이 돈은 문을 지키는 레위 사람이 므낫세와 에브라임과 남아 있는 이스라엘 사람과 온 유다와 베냐민과 예루살렘 거민들에게서 거둔 것이다. 그 돈을 여호와의 전 역사를 감독하는 자의 손에 붙여 쓰게 하였다. 그 감독은 레위 사람 곧 므라리 자손 중 야핫과 오바댜요 그핫 자손 중 야핫과 오바댜요 그핫 자손 중 스가랴와 무슬람이라 다 그 일을 주장하고 또 음악에 익숙한 레위 사람이 함께 하였으며, 저희가 또 당부하는 자를 관할하며 범백 공장을 동독하고 어떤 레위 사람은 서기와 관리와 문지기가 되었더라.

무리가 여호와의 전에 연보한 돈을 꺼낼 때 제사장 힐기야가 모세의 전한 여호와의 율법책을 발견하고 서기관 사반에게 일러 모든 백성들이 지키게 하였다.

〈역대하 34장〉

심묘극묘(甚妙極妙)

지극히 깊고 지극히 묘하다.
깊고 높고 멀고 가깝고
높고 낮음에 다 사무치니
시공을 초월 진실로 걸림이 없도다.

요시야가 예루살렘 여호와 앞에서 유월절을 지켜 정월 14일에 유월절 어린 양을 잡았다. 왕이 제사장들에게 그 직분을 맡기고 면려하여 여호와의 전에서 사무를 행하게 하고, 또 여호와 앞에 구별되어서 온 이스라엘을 가르치는 레위 사람에게까지 가르쳤다.

이와 같이 여호와를 섬길 일이 다 준비되매 요시야 왕의 명대로 유월절을 지키며 번제를 여호와의 단에 드렸으며, 그 때 모인 이스라엘 자손이 유월절을 지키고 연하여 무교절을 7일 동안 지켰으니 선지자 사무엘 이후로 이스라엘 가운데서 유월절을 이같이 지키지 못하였고 이스라엘 열왕도 요시야가 제사장들과 레위 사람들과 모인 온 유다와 이스라엘 무리와 예루살렘 거민과 함께 지킨 것처럼은 유월절을 지키지 못하였다. 이에 애굽왕 느고가 유브라데스강가 갈그미스에 오자 변장하고 나갔다가 활에 맞아 예루살렘에 이르러 죽었다.

국민이 요시야의 아들 여호아하스를 세워 그 부친을 대신하여 예루살렘에서 왕을 삼으니 그 때 나이 23세더라. 저가 예루살렘에서 치리한 지 3달에 애굽 왕이 예루살렘에서 그 위를 폐하고 또 그 나라로 은 100달란트와 금 한 달란트를 벌금으로 내게 하며 애굽 왕 느고가 또 그 형제 엘리야김을 세워 유다와 예루살렘 왕을 삼고 그 이름을 고쳐 여호야김이라 하고 그 형제 여호아하스를 애굽으로 잡아 갔다.

〈역대하 35장~36:4〉

선설법요(善說法要)

착한 말로 법요를 진행하니
앵음연어(鸚音燕語)가
모두 하늘의 소리라.
따르지 않는 이가 없었다.

여호야김이 위에 나아갈 때 나이 25세였다. 예루살렘에서 11년을 치리하며 그 하나님 여호와 보시기에 악을 행하였다. 바벨론 왕 느부갓네살이 올라와서 치고 저를 쇠사슬로 결박하여 바벨론으로 잡아가고 느부갓네살이 또 여호와의 전 기구들을 바벨론으로 가져다가 바벨론에 있는 자기 신당에 두었더라. 여호야김의 남은 사적과 그 행한 모든 가증한 일과 그 심술이 이스라엘과 유다 열왕기에 기록되니라. 그 아들 여호야긴이 대신하여 왕이 되니라.

여호야긴이 위에 나아갈 때 나이 8세였다. 예루살렘에서 석달 열흘을 치리하며 여호와 보시기에 악을 행하였더라. 세초에 느부갓네살이 보내어 여호야긴을 바벨론으로 잡아가고 여호와의 전의 귀한 기구도 함께 가져가고 그 아자비 시드기야를 세워 유다와 예루살렘 왕을 삼았더라.

시드기야가 위에 나아갈 때 나이 21세라. 예루살렘에서 11년을 치리하며 그 하나님 여호와 보시기에 악을 행하고 선지자 예레미야가 여호와의 말씀으로 일러도 그의 앞에서 겸비치 아니하였으며, 느부갓네살 왕이 저로 그 하나님을 가리켜 맹세케 하였으나 저가 배반하고 목을 곧게 하며 마음을 강퍅케 하여 이스라엘 하나님 여호와께로 돌아오지 아니하였고 제사장의 어른들과 백성도 크게 범죄하여 이방 모든 가증한 일을 본받아서 여호와께서 예루살렘에 거룩하게 두신 그 전을 더럽게 하였다.

〈역대하 36:5~14〉

희노애락(喜怒哀樂)

경사 속에
슬픈 일이 생겨난다.

생사고해를 벗어나야
진짜 피안에 오르게 된다.

에스라

에스라는 바벨론 역대서의 후분으로
10년 동안 노예생활을 한 유다인들의 귀향과
귀향 후 종교적 교육을 제사장으로서
영적인 부흥을 이끈 에스라의 삶을 기록한 책이다.

1. 포로들의 귀환

바사 왕 고레스 원년에 여호와께서 예레미야의 입으로 하신 말씀을 응하게 하시려고 바사 왕 고레스의 마음을 감동시키셔 저가 온 나라에 공포도 하고 조서도 내려 성전을 짓게 하였다. 이에 유다와 베냐민 족장들과 제사장들과 레위 사람들과 무릇 그 마음이 하나님께 감동을 받고 올라가서 예루살렘 여호와의 전을 건축코자 하는 자가 다 일어나니 그 사면 사람들이 은그릇과 황금과 기타 물건과 짐승과 보물로 돕고 그 외에도 예물을 즐거이 드렸다.

고레스 왕이 또 여호와의 전 기명을 꺼내 옛적에 느부갓네살이 예루살렘에서 옮겨다가 자기 신들의 당에 두었던 것을 고지기 미드르닷에게 주었으니 수효는 금반이 30이요, 은반이 1천이요, 칼이 29요, 금대접이 30이요, 그보다 차한 은대접이 410이요, 기타 기명이 1천이니 금·은 기명의 도합이 5천4백이라. 사로잡힌 자를 바벨론에서 예루살렘으로 데리고 올 때 세스바살이 그 기명들을 다 가지고 왔다.

옛적에 바벨론 왕 느부갓네살에게 사로잡혀 바벨론으로 갔던 자의 자손 중에서 놓임을 받고 예루살렘과 유다 도로 돌아와 각기 본성에 이른 자가 스룹바벨과 예수아·느헤미야·스라야·르엘라야·모르드개·빌산·미스발·비그왜·르훔·바아나 등과 함께 나온 이스라엘의 백성의 명수가 총 4만2천3백6십명이요, 그 외에 노비가 7천3백3십7명이요, 노래하는 남녀가 2백명이요, 말이 7백3십6이요, 노새가 2백4십5요, 약대가 4백3십5요, 나귀가 6천7백2십이었다.

어떤 족장들이 예루살렘 여호와의 전에 이르러 하나님의 전을 그곳에 다시 건축하려고 예물을 즐거이 드리되 역량대로 역사하는 곳간에 드리니 금이 6만1천 다릭이요, 은이 5천 마네요, 제사장의 옷이 1백 벌이었다.

이에 제사장들과 레위 사람들과 백성 몇과 노래하는 자들과 문지기들과 느디님 사람들이 그 본성들에 거하고 이스라엘 무리도 그 본성들에 거하였다.

〈에스라 1장~2장〉

유박유해(有縛有解)

얽힘 속에 풀림이 있다.

어리석은 사람과 깨달은 사람

스승과 제자가 뜻만 같으면
천하가 어찌 남의 것이리오.

2. 유다인들의 종교생활

이스라엘 자손들은 일곱째달 초하루부터 비로소 여호와께 번제를 드렸으나 여호와의 전 지대는 오히려 놓지 못한지라 이에 석수와 목수에게 돈을 주고 또 시돈 사람과 두로 사람에게 먹을 것과 마실 것과 기름을 주고 바사 왕 고레스의 조서대로 백향목을 레바논에서 욥바 해변까지 수운하게 하였다.

예루살렘 하나님의 전에 이른 지 2년 2월에 스알디엘의 아들 스룹바벨과 요사닥의 아들 예수아와 다른 형제 제사장들과 레위 사람들과 무릇 사로잡혔다가 예루살렘에 돌아 온 자들이 역사를 시작하고 20세 이상의 레위 사람들을 세워 여호와의 전 역사를 감독하게 하매 이에 예수아와 그 아들들과 그 형제들과 갓미엘과 그 아들들과 유다 자손과 헤나닷 자손과 그 형제 레위 사람들이 일제히 일어나 하나님의 전 공장을 감독하니라. 건축자가 여호와의 전 지대를 놓을 때 제사장들은 예복을 입고 나팔을 들고 아삽 자손 레위 사람들은 제금을 들고 서서 이스라엘 왕 다윗의 규례대로 여호와를 찬송하되 서로 찬송가를 화답하며 여호와께 감사하여 가로되 주는 지선하시므로 그 인자하심이 이스라엘에게 영원하시도다 하니 모든 백성이 여호와의 전 지대가 놓임을 보고 여호와를 찬송하며 큰 소리로 즐거워하였다.

유다와 베냐민의 대적이 사로잡혔던 자의 자손이 이스라엘 하나님 여호와를 위하여 전을 건축한다는 말을 듣고 스룹바벨과 족장들에게 나아와 우리로 너희와 함께 건축하게 하라 하니 이를 반대하여 그때부터 성전 짓는 것을 방해하여 일을 하지 못했다.

〈에스라 3장~4:4〉

부위거경(浮渭據涇)

위수에 떠가기도 하고
경수에 살기도 한다.

북망산을 등지고 낙수를 바라보니
빽빽한 궁전이 하늘의 별처럼 늘어섰다.

다리오 왕이 조서를 내렸다.

"너희가 유다 사람의 장로들에게 행할 것을 알게 하노니 왕의 재산 곧 강 서편 세금 중에서 그 경비를 이 사람들에게 신속히 주어 저희로 지체치 않게 하라. 또 그 수용물 곧 하늘의 여호와께 드릴 번제의 수송아지와 수양과 어린양과 또 밀과 소금과 포도주와 기름을 예루살렘 제사장의 소청대로 날마다 주어 저희로 하여금 하나님께 향기로운 제물을 드려 왕과 왕자들의 생명을 위하여 기도하게 하라. 내가 또 조서를 내리노니 무론 누구든지 이 명령을 변개하면 그 집에서 들보를 빼어내고 저를 그 위에 매어 달게 하고 그 집을 이로 인하여 거름더미가 되게 하리라. 만일 열왕이나 백성이 이 조서를 변개하고 손을 들어 예루살렘 하나님의 전을 헐진대 그곳에 이름을 두신 하나님이 저희를 멸하시기를 원하노라. 나 다리오가 조서를 내렸으니 신속히 행할지어다.”

다리오 왕의 조서가 내리매 강 서편 충독 닷드내와 스달보스내와 그 동료들이 신속히 준행한지라 유다 사람의 장로들이 선지자 학개와 잇도의 손자 스가랴의 권면으로 인하여 전 건축할 일이 형통한지라 이스라엘 하나님의 명령과 바사 왕 고레스와 다리오와 아닥사스다의 조서를 좇아 전을 건축하며 필역하되 다리오 왕 6년 아달 월 삼일에 전을 필역하였다.

이스라엘 자손과 제사장들과 레위 사람들과 기타 사로잡혔던 자의 자손이 즐거이 하나님의 전 봉헌식을 행하였다.

〈에스라 6장〉

도고마성(道高魔盛)

도가 높아지면
마군이가 성한다.

고기가 지나가면
물이 흐려지나니

확고한 믿음으로
의심을 타파해야 할 것이다.

이 일이 있은 후 바사 왕 아닥사스다가 위에 있을 때 에스라가 아론의 16대손이 바벨론에서 올라왔으니 저는 이스라엘 하나님 여호와께서 주신바 모세의 율법에 익숙한 학사로서 그 하나님 여호와의 도우심을 입으므로 왕에게 구하는 것은 다 받는 자였다.

모든 왕의 왕 아닥사스다는 하늘의 하나님의 율법에 완전한 학사 겸 제사장 에스라에게 조서하였다.

"우리나라에 있는 이스라엘 백성과 저희 제사장들과 레위 사람들 중에 예루살렘으로 올라갈 뜻이 있는 자는 누구든지 너와 함께 갈지어다. 너는 네 손에 있는 네 하나님의 율법을 좇아 유다와 예루살렘에 거하신 이스라엘 하나님께 성심으로 드리는 은금을 가져가고, 또 네가 바벨론 온 도에서 얻을 모든 은금과 및 백성과 제사장들이 예루살렘 그 하나님의 전을 수리하여 즐거이 드릴 예물을 가져다가 그 돈으로 소제와 그 전제의 물품을 신속히 사서 예루살렘 네 하나님의 전 단 위에 드리고 그 나머지 은금은 너와 너의 형제가 선히 여기는 일에 너희 하나님의 뜻을 좇아 쓸지며, 네 하나님의 전에서 섬기는 일을 위하여 네게 준 기명은 예루살렘 하나님 앞에 드리고 그 외에도 네 하나님의 전에 쓰일 것이 있어서 네가 드리고자 하거든 무엇이든지 왕의 내탕고에서 취하여 드릴지니라."

하고 강 서쪽사람들에게는 아낌없이 뒷바라지 할 것을 교시하였다.

아닥사스다 왕이 위에 있을 때 에스라와 함께 바벨론에서 올라온 족장들과 그들의 보계를 살피고 게르솜과 이다말 자손 중에서는 다니엘이요 다윗 자손 중에서는 핫두스요 스가냐 자손 곧 바로스 자손 중에서는 스가랴니 그와 함께 족보에 기록된 남자가 일백 50명이 되어 아하와강 가에서 금식을 선포하였다.

그리고 제사장 두목 12분들에게 금과 은을 나누어 주었다.

정월 12일에 우리가 아하와강을 떠나 예루살렘으로 갈 때 우리 하나님의 손이 우리를 도우사 대적과 길에 매복한 자의 손에

서 건지신지라 이에 예루살렘에 이르러 거기서 3일을 유하고 제
4일에 우리 하나님의 전에서 은과 금과 기명을 달아서 제사장 우
리아의 아들 므레못의 손에 붙이니 비느하스의 아들 엘르아살과
레위 사람 예수아의 아들 요사밧과 빈누이의 아들 노아댜가 함께
있어 모든 것을 다 계수하고 달아보고 그 중수를 당장에 책에 기
록하였다.

〈에스라 7장~8장〉

누관비경(樓觀飛驚)

궁전 누각은 새가 나는 것 같고
새와 짐승은 날고 뛰는구나.

하늘나라 그림이 지상에 그려지니
지상이 그대는 하늘나라로 변하리…

이 일이 있은 뒤에 방백들이 내게 나아와 가로되 이스라엘 백
성과 제사장들과 레위 사람들이 이 땅 백성과 떠나지 아니하고
가나안 사람과 헷·브리스·여부스·암몬·모압·애굽·아모리
사람의 가증한 일을 행하여 그들의 딸을 취하여 아내와 며느리를
삼아 거룩한 자손으로 이방 족속과 서로 섞이게 하는데 방백들과
두목들이 이 죄에서 더욱 으뜸이 되었다 하는지라. 내가 이 일을
듣고 속옷과 겉옷을 찢고 머리털과 수염을 뜯으며 회개하였다.
　에스라가 하나님의 전 앞에 엎드려 울며 기도하여 죄를 자복
할 때 많은 백성이 심히 통곡하매 이스라엘 중에서 백성의 남녀
와 어린아이의 큰 무리가 그 앞에 모인지라 엘람 자손 중 여히엘

의 아들 스가냐가 에스라에게 이르되 "우리가 우리 하나님께 범
죄하여 이 땅 이방 여자를 취하여 아내를 삼았으나 이스라엘에게
오히려 소망이 있나니 곧 내 주의 교훈을 좇으며 우리 하나님의
명령을 떨며 준행하는 자의 의논을 좇아 이 모든 아내와 그 소생
을 다 내어 보내기로 우리 하나님과 언약을 세우고 율법대로 행
할 것이라. 이는 당신의 주장할 일이니 일어나소서. 우리가 도우
리니 힘써 행하소서".

이에 에스라가 일어나 제사장들과 레위 사람들과 온 이스라엘
에게 이 말대로 행하기를 맹세하게 하매 무리가 맹세하는지라 이
에 에스라가 하나님의 전 앞에서 일어나 엘리아십의 아들 여호하
난의 방으로 들어가니라. 저가 들어가 사로잡혔던 자의 죄를 근
심하여 떡도 먹지 아니하며 물도 마시지 아니하더니 유다와 예루
살렘의 사로잡혔던 자의 자손들에게 공포하기를 너희는 예루살렘
으로 모이라. 누구든지 방백들과 장로들의 훈시를 좇아 3일 내에
오지 아니하면 그 재산을 적몰하고 사로잡혔던 자의 회에서 쫓아
내리라 하매 유다와 베냐민 모든 사람이 3일 내에 예루살렘에 모
이니 때는 9월 20일이었다. 무리가 하나님의 전 앞 광장에 앉아
서 이 일과 큰 비를 인하여 떨더니 제사장 에스라가 일어서 저희
에게 이르되 너희가 범죄하여 이방 여자로 아내를 삼아 이스라엘
의 죄를 더하게 하였으니 이제 너희 열조의 하나님 앞에서 죄를
자복하고 그 뜻대로 행하여 이 땅 족속들과 이방 여인을 끊어 버
리라" 하여 모두 버리고 속죄하였다.

〈에스라 9장~10장〉

권서자재(卷舒自在)

권서가 자재하니
만 가지 이야기가 한 빛 속에 들어있다.

눈빛이 땅에 떨어지니
타성일편(打成一片),
누가 죽은 뒤의 일을 생각하는 자 있으랴!

느헤미야

구약성서의
마지막 책
예루살렘에
성벽을 재건한 이야기다.

느헤미야에 의해
종교개혁은
이루어진다.

1. 신뢰받은 느헤미야

느헤미야가 아닥사스다 왕 제 20년 기슬르월에 내가 수산궁에 있더니 나의 한 형제 중 하나니가 두어 사람과 함께 유다에서 이르렀기로 내가 그 사로잡힘을 면하고 남아 있는 유다 사람과 예루살렘 형편을 물은즉 "사로잡힘을 면하고 남은 자가 그 도에서 큰 환난을 만나고 능욕을 받으며 예루살렘성은 훼파되고 성문들

은 소화되었다” 하는지라 앉아서 울고 수일 동안 금식하며 기도
하여 “귀를 기울이시며 눈을 여시사 종의 기도를 들으시옵소서.
나와 나의 아비 집이 범죄하여 주를 향하여 심히 악을 행하였사
오니 용서하여 주옵소서.”

아닥사스다 왕 20년 니산월에 왕이 물었다.

“네가 내 앞에서 근심하는 기색이 없는데 어찌하여 얼굴에 수
심이 있느냐.”

“나의 열조의 묘실 있는 성읍이 이제까지 황무하고 성문이 소
화되었습니다.”

“그러면 네가 무엇을 원하느냐?”

“왕이 만일 즐겨하시고 종이 왕의 목전에서 은혜를 얻었사오
면 나를 유다 땅 나의 열조의 묘실 있는 성읍에 보내어 그 성을
중건하게 하옵소서.”

“네가 몇날에 행할 길이며 어느 때 돌아오겠느냐.”

내가 기한을 정하고 말했다.

“왕이 만일 즐겨하시거든 강 서편 총독들에게 내리시는 조서
를 내게 주사 저희로 하여금 나를 용납하여 유다까지 통과하게
하시고 또 왕의 삼림 감독 아삽에게 조서를 내리사 저로 전에 속
한 영문의 문과 성곽과 나의 거할 집을 위하여 들보 재목을 주게
하옵소서.”

왕이 허락하고 군대 장관과 마병을 보내어 나와 함께 하게 하
시기로 내가 서편에 있는 총독들에게 이르러 왕의 조서를 전하였
더니, 호론 사람 산발랏과 종 암몬 사람 도비야가 이스라엘 자손
을 흥왕케 하려는 사람이 왔다 함을 듣고 심히 근심하더라. 내가
예루살렘에 이르러 거한 지 3일에 내 하나님이 내 마음을 감화하
사 예루살렘을 위하여 행하게 하신 일을 내가 아무 사람에게도

말하지 아니하고 밤에 일어나 두어 사람과 함께 나갈 때 내가 탄 짐승 외에는 다른 짐승이 없었다. 그 밤에 골짜기 문으로 나가서 용정 분문에 이르는 동안 예루살렘 성벽이 다 무너졌고 성문은 소화되었더라. 앞으로 행하여 샘문과 왕의 못에 이르러는 탄 짐승이 지나갈 곳이 없는지라 그 밤에 시내를 좇아 올라가서 성벽을 살펴 본 후에 돌이켜 골짜기 문으로 들어와서 돌아 왔으나 누구에게도 말하지 않고 있다가 뒤에 방백들과 제사장들께 이르기를 "우리의 당한 곤경은 너희도 목도하는 바라. 예루살렘이 황무하고 성문이 소화되었으니 자, 예루살렘 성을 중건하여 다시 수치를 받지 말자" 하니 모두 일어나 건축하자 하였다. 그러나 호론 사람 산발랏과 종이 되었던 암몬 사람 도비야와 아라비아 사람 게셈이 우리를 업신여기고 비웃었다.

〈느헤미야 1장~2장〉

유유일심(唯有一心)

오직 한 마음
몸이 단정하고
생각이 어지럽지 않고
말이 바르고
뜻이 청정하면
하늘 땅이 감동하고
신과 사람이 믿게 된다.

2. 성벽의 재건

그때에 대제사장 엘리야십이 그 형제 제사장들과 함께 양문을 건축하고 문짝을 달고 또 성벽을 건축, 함메아 망대에서부터 하나넬 망대까지 성별하였다. 그 다음은 여리고 사람들과 이므리의 아들 삭굴이, 어문은 하스나아의 자손들이 건축하여 그 들보를 얹고 문짝을 달고 자물쇠와 빗장을 갖추었다.

그리고 그 다음은 학고스의 손자 우리아의 아들 므레못이 중수하고 므세사벨의 손자 베레갸의 아들 므슬람과 바아나의 아들 사독, 드고아 사람들이 중수하였으나 그 귀족들은 그 주의 역사에 담부치 아니하였으며, 옛 문은 바세아의 아들 요야다와 브소드야의 아들 므슬람이 중수하여 그 들보를 얹고 문짝을 달고 자물쇠와 빗장을 갖추었다.

또 기브온 사람 믈라댜와 메로놋 사람 야돈이 강 서편 총독의 관할에 속한 기브온 사람들과 미스바 사람들로 더불어 중수하였고, 그 다음은 금장색 할해야의 아들 웃시엘 등이 중수하였으며, 그 다음은 향품 장사 하나냐 등이 예루살렘 넓은 성벽까지 하였고, 그 다음은 예루살렘 지방 절반을 다스리는 후르의 아들 르바야가 중수하였고, 하루맙의 아들 여다야는 자기 집과 마주 대한 곳을 중수하였다.

하삽느야의 아들 핫두스가 중수하고 하림의 아들 말기야와 바핫모압의 아들 핫숩이 한 부분과 풀무 망대를 중수하고 그 다음 예루살렘 지방 절반을 다스리는 자 할로헤스의 아들 살룸과 그 딸들이 중수하였고 골짜기 문은 하눈과 사노아 거민이, 또 분문까지 성벽 1천 규빗을 중수하였다. 분문은 벧학게렘 지방을 다스

리는 레갑의 아들 말기야가, 샘문은 미스바 지방을 다스리는 골
호세의 아들 살룬이, 또 왕의 동산 근처 셀라 못가의 성벽을 중
수하여 다윗 성에서 내려오는 층계까지 이르렀다. 그 다음은 벧
술 지방 절반을 다스리는 자 아스북의 아들 느헤미야가 중수하여
다윗의 묘실과 마주 대한 곳에 이르고 또 파서 만든 못을 지나
용사의 집까지 이르렀고, 그 다음은 레위 사람 바니의 아들 르훔
이 중수하였고, 그다음은 그일라 지방 절반을 다스리는 하사뱌가
그 지방을 대표하여 중수하였고, 그 다음은 그 형제 그일라 지방
절반을 다스리는 헤나닷의 아들 바왜가 중수하였고, 그 다음은
미스바를 다스리는 예수아의 아들 에셀이 한 부분을 중수하여 성
굽이에 있는 군기고 맞은편까지 이르렀고, 그 다음은 삽배의 아
들 바룩이 한 부분을 힘써 중수하여 성 굽이에서부터 대제사장
엘리야십의 집 문에 이르렀고, 그 다음은 학고스의 손자 우리야
의 아들 므레못이 한 부분을 중수하여 엘리야십의 집 문에서부터
엘리야십의 집 모퉁이에 이르렀고, 그 다음은 평지에 사는 제사
장들이 중수하였고, 그 다음은 베냐민과 핫숩이 자기 집 맞은편
부분을 중수하였고, 그 다음은 아나냐의 손자 마아세야의 아들
아사랴가 자기 집에서 가까운 부분을 중수하였고, 그 다음은 헤
나닷의 아들 빈누이가 한 부분을 중수하되 아사랴의 집에서부터
성 굽이를 지나 성 모퉁이에 이르렀다.

〈느헤미야 3:1~24〉

공상실화(空想實畵)

공상 속에서 그린 그림이
현실로 나타나니

병사방계(丙舍傍啓)가
기둥사이에 마주보고 섰구나.

　또 우새의 아들 발랄은 성굽이 맞은편과 왕의 윗 궁에서 내민 망대 맞은편 곧 시위청에서 가까운 부분을 중수하였고, 그 다음은 바로스의 아들 브다야가 중수하였고, (때에 느디님 사람은 오벨에 거하여 동편 수문과 마주 대한 곳에서부터 내민 망대까지 미쳤느니라) 그 다음 드고아 사람들이 한 부분을 중수하여 내민 큰 망대와 마주 대한 곳에서부터 오벨 성벽까지 이르렀다.
　마문 위로부터는 제사장들이 각각 자기 집과 마주 대한 부분을 중수하였고, 그 다음은 임멜의 아들 사독이 자기 집과 마주 대한 부분을 중수하였고, 그 다음은 동문지기 스가냐의 아들 스마야가 중수하였고, 그 다음은 셀레먀의 아들 하나냐와 살랍의 여섯째 아들 하눈이 한 부분을 중수하였고, 그 다음은 베레갸의 아들 므술람이 자기 침방과 마주 대한 부분을 중수하였고, 그 다음은 금장색 말기야가 함밉갓 문과 마주 대한 부분을 중수하여 느디님 사람과 상고들의 집에서부터 성 모퉁이 누에 이르렀고, 성 모퉁이 누에서 양문까지는 금장색과 상고들이 중수하였느니라.

〈느헤미야 3:25∼32〉

십시일반(十匙一飯)

티끌모아
태산이라
방울물이 모이고 모여
바다를 이루었네.

3. 산발랏의 반발

산발랏이 성을 건축한다는 말을 듣고 크게 분노하여 유다 사람을 비웃으니 암몬 사람 도비야도 업신여겼다. 또 산발랏과 도비야와 아라비아 사람들과 암몬 사람들과 아스돗 사람들도 분노하여 방해놓았다. 이에 일꾼들은 한 손에는 창과 칼을 들고 한 손으로 일을 하였으나 마침내 백성들이 원망하였다. 산발랏과 도비야 아라비야 사람 게셀이 만나기를 기약해 왔으나 듣지 않고 스마야가 도망가자 하였으나 듣지 않고 52일 만에 성의 일을 완성하였다.

성이 건축되매 문짝을 달고 문지기와 노래하는 자들과 레위 사람들을 세운 후에 내 아우 하나니와 영문의 관원 하나냐로 함께 예루살렘을 다스리게 하였다.

거기에는 옛적에 바벨론 왕 느부갓네살에게 사로잡혀 갔던 스룹바벨과 예수아와 느헤미야와 아사랴와 라아먀와 나하마니와 모르드개와 빌산과 미스베렛과 비그왜와 느훔과 바아나 등도 있어 도합 42360명이나 되었다.

〈느헤미야 4장~7장〉

벽극풍동(壁隙風動)

벽 속에 틈이 생기면 바람이 들어온다.
그러나 어찌 하늘에 틈이 있겠는가.
사람의 눈으로 보면 진속이 분명하나
깨달은 눈으로 보면 진도 없고 속도 없다.

이렇게 이스라엘 자손들이 본성에 모이자 7월에 모든 백성이 일제히 수문 앞 광장에 모여 학사 에스라에게 여호와께서 이스라엘에게 명하신 모세의 율법책을 읽자 맛디댜와 스마·아나야·우리야·힐기야·마아세야·브다야·미사엘·말기야·하숨·하스밧다나·스가랴·므슬람 등이었다.

그 이튿날 뭇백성의 족장들과 제사장들과 레위 사람들이 율법의 말씀을 밝히 알고자 하여 율법책대로 감람나무·화석류·종려나무가지를 꺾어다가 집과 지붕 뜰 앞에 놓으니 지금까지 없었던 일이라 모두 기뻐하며 율법을 깨닫게 했다.

또 그 달 24일에 이스라엘 자손이 다 모여 금식하며 굵은 베를 입고 티끌을 무릅쓰며 모든 이방 사람과 절교하고 서서 자기의 죄와 열조의 허물을 자복하였다.

이렇게 백성의 두목들은 예루살렘에 머물렀고 그 남은 백성은 제비 뽑아 십분의 일은 거룩한 성 예루살렘에 와서 거하게 하고 그 십분의 구는 다른 성읍에 거하게 하였으며, 무릇 예루살렘에 거하기를 자원하는 자는 백성들이 위하여 복을 빌었다.

그러나 끝끝내 암몬 사람과 모압 사람들은 영영히 하나님의 회에 들어오지 못하게 되었으니 이것은 저희들이 양식과 물로 이스라엘 자손을 영접지 아니하고 도리어 발람에게 뇌물을 주어 저주하게 하였기 때문이다.

〈느헤미야 8장~13장〉

법성원융(法性圓融)

법성은 원융하나
따르고 따르지 않는 자가 있나니

빛과 그림자는
언제나 동시에 이루지기 때문이다.

에스더

바사제국의 유대인 제거 음모와
에스더가 바사왕과의 결혼을 통해
유대인들을 구원하는 극적인 이야기가 들어있다.

신앙상으로 보아서는 별 의미가 없는 것으로 생각되나
하늘의 섭리 속에 이스라엘 고난시 역사가 담겨 있으므로
소홀히 할 수 없는 책이라 생각된다.

옛날 아하수에로라는 왕이 있었는데,
인도 구스까지 127도를 거느리고 있었다.

수산궁에서 즉위하고 바사와 메대의 장수를 비롯하여
각도의 귀족 방백들을 불러 자그만치 180일 동안
잔치를 베풀고 이어서 도성의 대소인민을 위해
왕궁 후원 뜰에서 청·황·적·백의 휘장을 치고
화려한 연회를 베풀었다.

그런데 제1 왕후 와스디가 왕의 명령을 거슬려

방백들의 재판으로 폐위되고,
유다인이 모르드개가 데리고 있던
조카딸 에스더(하닷사)가 선택되어
제1 왕후의 자리에 올랐다.

그런데 모르드개가 대궐 문밖에 앉았는데
문지기 내시 빅단과 데레스 두 사람이
아하수에로왕을 원망하여 모살하려 하거든
모르드개가 이를 에스더에게 고하여
두 사람을 나무에 달고 문초하였다.

그때 왕이 아각 함므다다의 아들 하만을
높은 자리에 앉히고 모든 신복들에게 무릎 꿇고 절하라
하니 모르드개는 꿇지 않고 절을 하지 않았다.

옆에 사람들이 모르드개가 유다인임을 알고
하만에게 고하니 하만이 노하여
그와 연관이 있는 모든 민족들을 다 죽이려 하였다.

아하수에로왕 12년 하만이 대왕께 아뢰었다.
"한 민족이 온 나라에 흩어져 사는데
법률이 달라서 다스리기 어렵습니다."
하고 은 1만 달란트를 왕에게 바치니 임금님께서
"알아서 하라"
하고 다시 그 은과 손에 끼었던 반지까지 벗어주었다.

정월 13일 서기관들을 모아 조서를 꾸미고
각도 문자로 기록한 뒤 임금님의 반지로 도장 찍어 보내며
"12월 13일 유다인들을 모두 잡아 죽일 것"을 명령하였다.
모르드개가 이 모든 일을 알고 왕후 에스더에게 알리니
에스더는 모든 유다인들에게 3일 동안 금식할 것을 명하고
자신도 금식한 뒤 궁중의 규례를 어기고
임금님 앞에 나아가니 임금님께서 금홀을 내밀고
"그대의 원하는 것이 무엇이냐.
원한다면 이 나라 반이라도 주겠다"
하였다. 이에 에스더는
"제가 후궁에서 잔치를 베풀고자 하오니
하만과 함께 와 주실 수 있습니까?"
하니 폐하가 쾌히 승낙하였다.

그런데 하만은 그날도 모르드개가 일어나 절하지 않는 것을
괘씸하게 생각하고 잔치가 끝난 뒤에는 모르드개를 50규빗이나
되는 높은 나무에 매달아 죽일 것을 예상하고 왕궁에 들어갔다.

〈에스더 1장~5장〉

구국생명(救國生命)

나라도 구하고
생명도 구하고

충의열사가
어찌 딴 곳에 있겠는가.

그런데 전날 밤 왕이 친히 궁중의 문서를 읽다가 모르드개가 빅다나와 데레스의 모살사건을 고발한 것을 알고 그 대가로 무슨 상을 주었느냐 물으니 "아무것도 준 일이 없다" 하니 이튿날 하만을 불러 "이런 일을 한 사람에게는 무엇으로 보상하는 것이 좋겠느냐?" 물었다. 이에 하만이 "왕복을 입히고 말을 태워 시중을 돌면서 왕에게 존귀케 한 자는 누구나 그렇게 하겠다 발표하면 백성들이 더욱 왕을 존경할까 합니다" 하니 즉시 하만에게 모르드개를 불러 말에 태우고 그렇게 하라 명령하였다.

그래서 시키는 대로 하고 겁이 나서 집으로 돌아가니 왕의 내시가 와서 "에스더의 잔치에 속히 나오라 합니다" 하여 나가니 벌써 잔치가 벌어져 왕이 에스더에게 물었다.

"그대의 소망이 무엇인가?"

"내 생명을 내게 주시고 내 민족을 내게 주소서."

하고 상세히 아뢰니 즉시 하만을 모르드개를 달고자 했던 높이 50규빗의 나무에 달아매고 하만에게 주었던 반지를 모르드개에게 주고 하만의 집과 재산과 모든 사람들을 에스더에게 주었다. 그리고 바로 조서를 내려 유다인들의 죽임을 피하게 하였다. 여기서부터 12월 13일 부림절이 생기게 된 것이다.

〈에스더 6장~10장〉

면추백발(面皺白髮)

얼굴은 쭈그러들고
머리는 희어졌다.
죽이려는 사람은 죽고
죽을 사람은 도리어 사니

찰나(刹那)에도 멈출 수 없는 것이
사람의 마음이다.

욥기

인생고의 시작은
자기가 지은 업 때문이지만
의인도 고난을 받는
죄 때문에 받는 경우도 있고
죄를 인정하지 아니하므로 받는 경우도 있으나
어떤 면에서 보면 사탄이 죄를 경험하게 함으로써
의인을 길러내는 한 방편으로 삼기도 한다.

우스땅에 욥이라는 사람이 있었다. 순수하고 정직하고 하늘을 받들어 섬겨 이미 악에서 떠나있는 사람이었다. 7천 마리의 양과 약대 3천, 소가 5백, 나귀가 5백 많은 종을 거느려 동방사람 가운데서는 제일가는 부자였다.

그런데 하루는 하나님께서 하나님의 아들들과 사탄을 불러놓고 물었다.

"이 세상 욥처럼 착한 사람을 보았느냐?"

"그가 스스로 그렇게 된 것이 아니라 하나님께서 주신 은덕입니다. 만일 역행하여 고통을 받게 된다면 그 마음도 변할 것입니다."

"그렇다면 내가 그를 너에게 붙이겠으니 그의 몸에는 손을 대지 말라."

욥이 자기 생일을 맞아 세 누님을 모시고 큰 잔치를 베푼 뒤 또 자재들을 위해 아들들의 죄까지도 사하는 의식을 행하였다.

하루는 욥의 자녀들이 그 맏형 집에서 포도주를 마실 때 한 사자가 와서 말했다.

"소가 밭을 갈고 있는데 스바 사람들이 갑자기 와서 그것들을 빼앗고 칼로 종들을 죽였습니다."

이 말이 끝나기도 전에 또한 사람이 와서 말했다.

"하나님의 불이 하늘에서 내려와서 양과 종들을 살라버렸습니다. 또 갈대아 사람들이 떼를 지어 와서 약대를 빼앗아 갔으며, 자재분들이 맏형 집에서 포도주를 먹다가 돌풍이 불어 죽었습니다."

욥이 이 말을 듣고 일어나 옷을 찢고 머리털을 밀고 땅에 엎드려 경배하며

"알몸으로 나왔다가 알몸으로 가는 것은 정한 이치인데 주신 이도 거두신 이도 여호와이시니 저희 찬송을 받으시옵소서."

하고 기도하였다. 이에 사탄이 여호와께 고하였다.

"가죽으로 가죽을 바꾸니 사람이 모든 소유물로 생명을 바꿉니다. 그러니 주께서 직접 저에게 뼈와 살을 치소서. 그리하면 반드시 저가 욕할 것입니다."

"그러면 그를 그대들에게 붙이겠노라."

말이 끝나기도 전에 욥은 발바닥으로 머리에 이르기까지 악창이 솟았다. 욥이 재 가운데 앉아서 기와 조각으로 몸을 긁고 있으니 그의 부인이 말했다.

"당신이 그래도 자기의 온전함을 굳게 지킵니까? 하나님을 욕

하고 죽으시오."

"그런 소리 하지 마십시오. 복을 받았으니 당연히 화도 받지
않겠소."

〈욥기 1장~2:10〉

전변의성(轉變疑星)

모자 속에 아롱거리는 구슬이
별이 아닌가 의심하였다.
세상락은 천상락에 비하면
그림속의 꽃에 불과하다.

이 소식을 들은 세 친구들, 데만 사람 엘리바스, 수아 사람 빌
닷, 나아마 사람 소발이 와서 보고 옷을 찢고 먼지를 머리에 날
린 뒤 7일 7야를 함께 지내자 욥이 탄식하였다.

"애초에 내가 이 세상에 태어나지 아니했다면 모든 사람들을
괴롭히지 않고 여호아 하나님께도 욕되게 하지 아니하였을텐데!"

데만 사람 엘리바스가 대답하였다.

"죄 없이 망한 자가 없고 악을 밭 갈고 독을 뿌리는 자가 그
대로 거두는 것이니 하나님께 부르짖어 보라. 반드시 그대에게
응답하리라."

"나의 분한을 달고 나의 재앙을 단다면 바다의 모래보다도 무
거울 것이다. 세상에 있는 모든 전쟁이 이보다 더할 수는 없을
것이다."

하고 기도하였다.

"주여, 아침마다 권징(勸懲)하고 분초마다 시험하시나이까. 눈

욥기 **247**

한 번 돌이키고 침 한 번 삼킬 동안 나를 놓지 않으시는 이여,
저희 허물을 사하여 주옵소서.”

수하 사람 빌닷이 말했다.

“하나님이 어찌 심판을 굽게 하겠느냐. 네 자식들이 죄를 지었
으므로 얻는 과보가 아니겠느냐?”

“글쎄. 막대기로 나에게서 떠나게 하고 위엄으로 나를 두렵게
아니하시기만을 바라노라” 하고 “주께서 주의 손으로 나를 어찌
하여 이렇게 죄를 주시는지 말씀하여 주옵소서” 하고 기도하였다.

나아마 사람 소발이 말하였다.

“말이 너무 많구나. 하나님은 벌하시는 것을 좋아하지 않느
니라.”

“네가 자녀들에게 한 말이 오히려 이웃에게 조롱거리가 되었
구나. 나의 눈으로 보고 내 귀로 들었으니 분명히 옳고 그름을
판단해 주실 것이다.”

하고 또 기도하였다.

“주의 손을 내게 대지 마시옵고, 주의 위엄으로 나를 두렵게
하지 마옵소서.”

다시 엘리바스가 말했다.

“지혜로운 자가 어찌 헛된 지식으로 대답하겠느냐?”

“너희는 다 나의 마음을 번뇌롭게 하는 안위자로다. 나는 이미
쇠하였고 무덤이 내 위에 예비 되었으니 나를 조롱하지 말라.”

“악인의 빛은 꺼지고 그 불꽃은 더 이상 타지 않을 것이다.”

“내 포학은 아무리 부르짖어도 응답이 없고 간구하여도 신원
함이 없으니 이를 어찌하면 좋다는 말이냐?”

“내가 알기로는 나의 구속자가 살아계시니 후일에 그가 땅위
에 서실 것이라. 내가 친히 그를 볼 것이다.”

소발이 말했다.

"이것은 그대 마음이 초급함을 나타낸 것이다. 세상에는 악인이 이기는 자랑도 잠시고 사곡자의 즐거움도 잠깐이다."

"내가 어찌하여 초급하다는 말이냐. 악인도 수하고 건강하고 부귀한데?"

엘리바스가 말했다.

"그대가 외로우면 얼마나 외롭겠느냐. 전능자에게는 별로 기쁜 일이 없을 것이다."

"내가 오늘도 혹독히 원망하니 받는 재앙이 탄식보다 큰 것이나 일거일동을 전능자가 다 보시고 계시기 때문이다. 그러나 생각건대 어찌하여 하나님은 악인을 멸망시키지 않는가."

빌닷이 대답했다.

"하나님은 권능과 위엄을 가지셨지만 지극히 높은 곳에서 화평을 베푸시는 까닭에 군대를 계수할 수 있겠는가. 사람은 여자의 몸에서 나 깨끗하다고 하여도 하늘의 눈 같지는 않다."

"네가 힘없는 자를 참 잘 도왔도다. 나의 의를 빼앗은 하나님, 나의 영혼을 괴롭게 하는 전능자에게 맹세하노니 나의 생명이 아직 내 몸속에 있고 하나님의 기운이 콧속에 있으니 두고 보겠다. 내가 만일 지난날처럼만 회복될 수 있다면 나는 결코 누구도 원망하지 않으리라."

하며 화를 내자, 부스 사람 엘리후가 충고하였다.

"사람의 속에는 심령이 있고 전능자의 기운이 총명을 주시나니 나이 많고 경험이 많다고 해서 지혜로운 것이 아니다. 하나님은 사람의 회개를 기다리시며 불의를 행하지 않나니 욥이여 의로운 하나님을 향하여 뉘우치라. 그리고 그 소리를 들으라."

〈욥기 2:11~37장〉

홍진몽유(紅塵夢遊)

세속의 즐거움은
꿈속의 놀이라.

진짜 즐거움을 알려면
천당에 가봐야 안다.

그때 여호와께서 폭풍 가운데서 말씀하였다.

"무지한 말로 이치를 어둡게 하는 자 누구냐. 내가 땅의 기초를 놓을 때 너는 어디에 있었느냐. 암사슴이 새끼를 낳을 때를 너는 아느냐. 독수리가 공중을 높이 나는 것을 누가 가르쳤느냐. 네가 아무리 지혜롭다 해도 작은 낚시로 악어를 잡을 수 있겠느냐. 모든 지음은 나로 인해 있게 된 것이니 의심하지 말라."

"무소불능하신 하나님. 저는 가히 말할 수 없고 알 수 없나이다. 그러므로 내가 스스로 한탄하고 티끌과 재 가운데서 회개하나이다."

"그렇다면 너희 친구들이 너를 위해 수송아지 일곱으로 그대를 위해 번제를 드리고 욥은 너희를 위하여 기도하라."

그리하여 시키는 대로 하였더니 욥의 곤경이 돌이켜지고 그 소유가 앞의 소유보다 배나 많아졌으며, 그의 가족들이 함께 모여 즐겁게 살면서 아들 일곱과 딸 셋을 낳고 140년이나 살았다.

〈욥기 38장~42장〉

당경팔풍(當境八風)

흥망성쇠와 길흉화복이

사람의 욕기(欲氣)에서 비롯된 것이니
어찌 하늘과 관계되리오.

그러니 남의 악을 들추지 말고
나의 선행을 자랑하지 말라.
하늘은 오직 그 마음 씀씀이를 살핀다.

시편

미즈모르(시) · 쉬르(노래) · 마스길(교훈) · 믹담(황금) ·
나짜흐(영장) · 테필라(기도) · 테할라(찬양) · 셀라(높임) ·
네기노트(현악) · 네하라(관악) · 스미잇(저음) 등의
명칭을 가진 시편은 창조주의 지혜와
권능 · 영원 · 거룩함 · 선 · 자비 · 신실과
피조물들을 살피는 의리 · 공의 등
다양한 내용을 담고 있다.

창세기로부터 신명기에 이르기까지
모세 5경에 나오는 인물과 말씀은
걱정 · 근심 · 질병 · 슬픔으로부터 연약한 인간의 고독과
좌절 · 실망 · 불의 · 방황을 신앙을 통해 방향을 찾고
기쁨과 즐거움 속에서
감사한 생활을 할 수 있도록
찬양과 구원의 노래가 기록되어 있다.

복있는 사람은
악인의 꾀를 좇지 아니하며

죄인의 길에 서지 아니하며
오만한 자의 자리에 앉지 아니하느니라.

〈시편 1편〉

악인이 칼을 빼고 활을 당기어
가난하고 궁핍한 자를 엎드러뜨리며
행위가 정직한 자를 죽이고자 하나
그 칼은 자기의 마음을 찌르고 그 활은 부러지리로다.

〈시편 37:14~15〉

내 입은 지혜를 말하고
내 마음은 명철을 묵상한다.
그러니 내 비유에 귀를 기울이고
수금으로 나의 오묘한 말을 풀라.

〈시편 49:3~4〉

인생은 그 날이 풀과 같으며
그 영화가 들의 꽃과 같도다.
그것은 바람이 지나면 없어지나니
그 곳을 다시 알지 못한다.

〈시편 103:15~16〉

주를 경외하여 계명을 지키는 자 복이 있나니
그 후손이 땅에서 강성하고
정직한 자에게 복이 있나니
부요와 재물이 집에 있음이여,

은혜를 베풀며 꾸미는 자는 잘 되나니
그 일을 공의로 함이로다.

〈시편 112:1~5〉

구름으로 하늘을 덮으시고
땅을 위하여 예비하시며
산에 풀이 자라게 하고
들짐승을 위하여 먹을 것을 주시는 이여.

〈시편 147:8~9〉

서양지혜(西洋智慧)

시편은 서양의 지혜

하늘 땅과 산과 물, 해와 달·별
이 세상의 모든 것들과 생·노·병·사
인생의 희·노·애·락과 흥·망·성·쇠로부터
자연의 성·주·괴·공과 생·주·이·멸,
그 어느 것 하나 미치지 아니함이 없다.

잠언

잠언은 지혜로써 경계의 말씀이다.
격언·교훈·수수께끼·우화 등을 통하여
지혜와 어리석음, 의인과 악인, 생명과 죽음 등
지극히 대조적인 것들을 대비시켜
무엇이 진리인가를 보여주는 격언이요 속담이다.

솔로몬의 지혜를 통해서
르무엘과 아론 등의 깨달음을 통해서
하늘을 경외하는 사람들이
어떻게 생각하고 행동할 것인가를
우리에게 보여주신 교훈이다.

내 아들아
네 아비의 훈계를 들으며
네 어미의 법을 떠나지 말라.

이는 네 머리의 아름다운 관(冠)이요
네 목의 금사슬이다.

악한 자가 너를 꾈지라도 좇지 말라.

그들이 네게 함께 가자 할지라도
가만히 엎드렸다가
죄없는 자를 숨어 기다리다가
음부(陰府)같이 그들을 산채로 삼키며
무덤에 내려가는 자 같게 통으로 삼키자.

〈잠언 1:8~12〉

네가 만일 나의 말을 받으며
나의 계명을 네게 간직하며
네 귀를 지혜에 기울이며
네 마음을 명철하게 두며

지식을 불러 구하며
명철을 얻으려고 소리를 높이며
은을 구하는 것 같이
감춰진 보배를 찾는 것 같이 그것을 찾으면
여호와의 경외를 깨달으며
하늘을 알게 될 것이다.

〈잠언 2:1~5〉

내 아들아 나의 법은 잊어버리지 말고
네 마음으로 나의 명령을 지키라.
그리하면 그것이 너로 하여금
장수하여 많은 해를 누리게 하여

평강을 더하리라.

〈잠언 3:1∼2〉

나도 내 아버지에게 아들이었으며
네 어머니 보기에 유약한 외아들이었다.
내 아버지가 내게 가르쳐 이르기를
내 말을 네 마음에 두라.
내 명령을 지키라.
그리하면 지혜를 얻어 잘 살리라 하였다.

〈잠언 4:3∼4〉

대저 음녀의 입술은 꿀을 떨어뜨리며
그 입은 기름보다 미끄러우나
나중에는 쑥같이 쓰고
두 날 가진 칼날같이 날카로우며
그 발은 사지로 내려가고
그 걸음은 음부로 나아가나니

그는 생명의 평탄한 길을 찾지 못하며
자기 길이 든든치 못하여도 그것을 깨닫지 못하느니라.

〈잠언 5:3∼6〉

네가 만일 이웃을 위하여 담보하며
타인을 위해 보증을 섰으면
네 입의 말로 네가 얽었으며
네 입의 말로 인하여 잡히게 되었느니라.

〈잠언 6:1∼2〉

잠언 **257**

게으른 자여 개미에게로 가서
그 하는 것을 보고 지혜를 얻으라.
개미는 두령도 없고 간역자도 없고
주권자도 없으되
먹을 것을 여름 동안에 예비하여
추수 때에 양식을 모으느니라.

〈잠언 6:6~8〉

불량하고 악한 자는
그 행동에 궤휼한 입을 벌리며
눈짓을 하며 발로 뜻을 보이고
손가락질로 알게 하며

그 마음에 패역을 품어
항상 악을 꾀하여 다툼을 일으키는 자이니라.
그러므로 재앙이 갑자기 일어나면
도움을 얻지 못하고 당장에 패하느니라.

〈잠언 6:12~15〉

하늘이 미워하는 것에 육·칠 가지가 있으니
교만한 눈과 거짓된 혀와
무죄한 자에게 피를 흘리게 하는 손과
악한 계교를 꾀하는 마음과
빨리 악으로 달려가는 발과
거짓을 말하는 망령된 증인,
형제 사이를 이간하는 자이다.

〈잠언 6:16~19〉

대저 (부모의) 명령은 등불이요
법은 빛이요
훈계와 책망은 곧 생명의 길이니
이를 지켜 너를 악과 이방에 빠지지 않게 하는 것이다.

〈잠언 6:23~24〉

조화무변(造化無邊)

하늘의 조화는 끝도 갓도 없다.
지혜의 잔치로 거만을 꺾고
어리석음을 없애 부모님을 근심에서 기쁘게 하라.

저울을 속이지 말고 훈계를 좋아하고
부지런한 자에게 풍족이 있나니
슬기로운 여인이 집을 세우듯.

부드러운 말과 거친 말
하늘의 말없는 말을 따라 화목하라.
독주를 마시면 행패를 부리나니
가난해도 떳떳이 살고
금은보다 은혜를 택하라.

부자가 되려고 애쓰지 말고
악인의 형통을 부러워말며
내 일을 자랑하지 말고
당당하게 착하게 살아라.

전도서

솔로몬은 가지고 싶은 것들을 모두 가졌고
누릴 만한 것들 모두 누렸다.
그 결과 그는 그 속에서
허무와 헛됨을 깨달았다.

그러나 그것은 염세주의에 흐르지 않고
최고의 부귀와 영화·권세·지혜 속에서도
하늘이 없는 인생은 더욱 외롭고 쓸쓸하다는 것을 깨달아
그것을 온 세계에 선포함으로써 참된 복을 얻었다.

헛되고 헛되며 헛되고 헛되니
모든 것이 헛되도다.

한 세대는 가고 한 세대는 오되
땅은 영원히 있도다.

해는 떴다가 지며
바람은 남으로 불다가 북풍으로 돌아간다.

모든 강물은 바다로 흐르되
바다를 채우지 못하나니
어디로 흐르든지 그리로 연하여 흐르나니라.

〈전도서 1:2~7〉

천하에 범사가 기한이 있나니
날 때가 있고 죽을 때가 있으며
심을 때가 있고 뽑을 때가 있고
헐 때가 있고 세울 때가 있으며
울 때가 있고 웃을 때가 있다.

일이 많으면 꿈이 생기고
말이 많으면 우매자의 소리가 나타난다.
서원하고 갚지 않는 것보다
서원하지 아니하는 것이 낫나니
네 입으로 네 육체를 범죄케 하지 말라.

〈전도서 3장~5장〉

아름다운 이름이 보배로운 기름 보다 낫고
죽은 날이 출생하는 날보다 낳으며
초상집에 가는 것이 잔칫집에 가는 것보다 낫고
슬픔이 웃음보다 낫다.

지혜는 단순한 데 있나니
임금님의 명령을 거스르지 말고
사랑을 구별하여 차별하지 말라.

지도자가 지혜로우면 그 받는 자도 지혜로워진다.

〈전도서 7장~12장〉

전도생명(傳道生命)

종교의 생명은 전도에 있다.
전도자 앞에 악이 숨죽고

전도자 앞에 어리석음이 깨우치며
전도자 앞에 범부가 성현되리.

세상의 모든 고통을 없애고
하늘의 즐거움을 맛보기 때문이다.

아가서

아름다운 노래
노래 가운데 노래
최상의 노래를
무교절 기간 중 제8일에 부르는 노래.

풍유와 실재, 모형을 통해
하늘과 나라, 남자와 여자,
아내와 남편과의 사랑을 통해
인간의 영혼이 어떻게 흐르고 있는가를 가르쳐준 연가.

나의 사랑은
내 품 가운데 몰약 향이요
나의 사랑은
엔게디 포도원의 고벨화 송이로다.

〈아가 1:13~14〉

내 사랑 너는 어여쁘고도 어여쁘도다.
너울 속에 있는 눈은 비둘기 같고

머리털은 길르앗산 기슭에 누운 염소 같다.

입술은 홍색실 같고
뺨은 석류쪽 같으며
목은 방패 달린 망대와 같고
유방은 백합, 꼴먹는 쌍태 노루새끼 같구나.

〈아가 4:1~4〉

아침빛같이 뚜렷하고
달같이 아름답고
해같이 맑고
기치를 벌인 군대같이 위엄 있는 여자.

배꼽은 포도주 잔 같고
허리는 백합으로 두른 밀단 같으며
유방은 쌍태 암사슴 같고
목은 상아의 망대.

〈아가 6장~7장〉

그가 성벽이라면
우리는 은 망대
그이가 문이라면
우리는 백양목 판자

사랑하는 자야
너는 빨리 달려라.

향기로운 산속에서
마구 뛰노는 노루같이.

〈아가 8장〉

순애보(純愛譜)

깊고 순결한 사랑을
입맞춤으로 표현하고
기쁨과 즐거운 사랑을
포도주에 비유한 사랑은
하늘과 사람과 사랑을
한꺼번에 노래한 사랑노래다.

깨끗하고 정숙한 비둘기 같은 눈
향기롭고 즐거운 말은 백합
아름다운 나라와 백성
사람들은 그 속에서 사랑과 평강
형통을 누리며 구원을 즐긴다.

이사야

남유다와 주변 국가들에 대한 심판이 이루어지는 가운데
쭉정이 속에서 알곡을 찾는 하늘의 목소리가 들려왔다.
왕족으로 태어나 엘리트 교육을 받은 이사야는
탁월한 문학 기법을 가진 시인이다.
의인·상징·비유·풍자를 대구법으로 사용하여
웃시야·요담·아하스·히스기야 시대에 예언하였다.

소도 그 임자를 알고 나귀도 구유를 알건마는
나의 백성은 깨닫지 못하는도다.
슬프다. 범죄한 나라요 허물어진 백성이요
행악의 종자요. 부패한 자식이로다.

무수한 재물이 내게 무엇이 유익하며
나는 숫양의 번제와 살찐 짐승의 기름에 배불렀고
수송아지 어린 양, 숫염소의 피를 기뻐하지 않노라.
성회와 함께 악을 행하는 것을 내가 견디지 못하기 때문이다.

신실하던 성읍이 어찌하여 창기가 되고

공평이 충만하고 의리가 있던 곳에 살찐 자들뿐이니
네 은은 찌꺼기가 되었고 포도주에는 물이 섞였도다.
방백들은 패역하여 도적과 짝하고
뇌물을 사랑,
고아를 돌보지 않고 과부의 송사를 뿌리치는구나.

〈이사야 1장〉

다시는 가지를 자르거나 붙들지 아니할 것이니
질려와 형극이 나 황무지가 될 것이다.
비는 내리지 아니할 것이니 공평이 포학이 된 까닭이다.
그들의 살은 날카롭고 활도 당겨졌으며
말발굽은 부싯돌 같고 차바퀴는 회오리바람 같도다.

그래서 이사야를 부르고
아하스에게 첫 번째 경고를 보내고
앗수르왕이 침공,
다메섹 사마리아가 멸망할 징조를 보였다.

그러나 유다에 대한 심판과
구원에 대한 약속에도 불구하고
주를 걸림돌로 앎으로 증거문서를 봉인하고
거짓종교를 경고한 것이다.

〈이시야 2장~8장〉

에브라임을 벌하고 앗수르를 친 뒤
이스라엘의 남은 남자들 가운데

이새의 줄기에서 한 싹을 틔우니
감사의 노래가 들려오는 가운데
바벨론이 멸망하고 앗수르가 패망하고 모압이 멸망,
다메섹과 에브라임이 멸망하였다.
〈이사야 9장~17장〉

구스의 강에 사자를 보내 추수 전에 꽃이 떨어지고
익기 전에 가지를 쳐 짐승들에게 줄 것을 예언하고
애굽의 멸망과 구스·바벨론의 멸망을 예고하고
어두움 속의 에돔과 아라비아난민
게달의 멸망을 눈앞에 보시며
예루살렘에 책망을 내리시고
셉나에 심판을 내리셨던 것이다.
〈이사야 18장~22장〉

엘리야김이 패망하고 시돈과 두로에 심판하고
땅을 비게· 하여 황무지가 되게 하여 한없이 경고하니
비로소 주를 높이고 감사하는 기도가 이루어져
골수가 찬 기름진 것과
저장된 포도주를 마시며 잔치를 베풀었다.

신실한 민족에 의인이 나타나 찬양의 노래를 부르면
내 백성들은 잠깐 숨겨 포도의 노래를 부르게 하고
용서받는 사람에게 나라를 맡겨 광복의 빛을 보게 하리라.

취한 자 에브라임의 교만한 면류관을 경고하고

독주에 취해 비틀거리는 거짓 종교지도자들과
그릇된 지도자들에게 농부에게 배울 것을 가르쳤다.
〈이사야 23장~28장〉

다윗의 진 친 아리엘에 찾아왔으나
묵시(默示)를 깨닫지 못하는 백성들을 보고 한탄하였다.
사람의 도리는 하늘을 섬기는 일
애굽으로 가는 일은 헛일이라 가르쳐주고 기다려도
깨우치지 못하므로 앗수르를 심판하고
믿었던 애굽을 망하게 한다.

시온산 봉우리에서 싸울 것과
정의의 나라를 세울 것을 일러주었으나
듣지 않으므로 안일한 여인들을 경고하였다.
성신이 위로부터 내리실 것이니
화 있는 자는 학대하지 않고도 학대받는다고
주께서 일어나면
영광스러운 내일이 온다는 것도 알려주었다.
〈이사야 29장~33장〉

여호와의 보복이 에돔에 미치면
메마른 땅이 기뻐할 것을 알렸으나
앗수르왕 산헤립이 유다를 쳐 취하니 히스기야왕이 듣고
그 옷을 찢고 굵은 베를 입고
여호와 전으로 들어와 이사야께 묻자
이사야가 앗수르를 꾸짖었다.

이사야 269

이것은 앗수르가 격퇴될 징조였으나
산헤립은 이것을 모르고
진중에 나갔다가 그의 아들에게 칼 맞아 죽었다.

병든 히스기야가 얼굴을 벽으로 향하고 기도하니
15년을 더한 생명을 구해주자
히스기야가 감사 기도하고 바벨론의 특사를 맞아
광복의 기쁜 소식을 듣게 하였다.
누가 손바닥으로 바닷물을 헤아리고
뼘으로 하늘을 재겠는가.
믿음의 힘과 사랑이 고레스를 불러 광복의 길에 서게 하니
종들은 나태하고 승리의 찬가를 불렀으나
이스라엘은 아직도 귀와 눈이 멀어 있었다.

〈이사야 34장~42장〉

바벨론에서 풀려나온 이스라엘이
주를 공경하지 않고 괴롭게 하였으나
목마른 자에게 물을 주고 배고픈 사람에게 음식을 베풀듯
어리석은 자들을 배척하고
이스라엘의 재건을 고레스에게 맡기니
하늘을 간섭할 자가 따로 없어
만방의 주로 자리에 오르게 되었다.

하루아침에 바벨론은 망하고
새 일을 약속하여 고향에 돌아가게 하니
즐거운 귀향길에서 종들이 노래 불렀다.

"나 보시기에 존귀한 자라 하나님께서 나의 힘이 되어
저희 백성들을 버리지 않고
강한 팔로 저희들을 구원하셨도다."
〈이사야 43장~51장〉

여호와의 손에서 분노의 잔을 마신 예루살렘이여 깨어나라.
백성들을 해방시키고 해방의 소리를 만방에 알려라.
"예루살렘은 다시 흥할 것이다. 영원한 평화를 언약 받았다.
무엇이고 와서 먹고 마셔라.
옛것은 지나가고 새 세상이 왔다."

이렇게 해서 악한 자를 심판하고 그릇된 자를 바로 잡으며
죄지은 자를 회개시키니 고발된 죄가 모두 없어지고
주가 몸소 나타나 시온의 기쁜 소식을 온 천하에 드날렸다.

은총이 왔으니 호소하고 기도하라.
여호와는 우리의 주이시니라.
이방인도 함께 노래 부르며 춤추고 손을 잡고 춤을 추었다.
〈이사야 52장~66장〉

예언계시(預言啓示)

예언은 계시다.
본 자가 본 것을 보지 못한 것들에게 열어 보이고
듣지 못한 것을 듣게 해주는 것이다.
숨겨진 것을 밝히고 가르쳐

이사야 271

구부러진 것을 펴고 막힌 것을 뚫고
넘어진 것을 일으켜
권면 위로하는 것이다.

예레미야

힐기야의 아들 예레미야는
요시야·여호아하스·여호야김·여호야긴·시드기야
5명의 왕들이 통치하던 때 태어나 사역했던 분이다.

범죄하는 백성들과 지도자들에게
심판의 필연성을 선포하면서도
하나님이 이스라엘을 다시 회복하실 것이라는
소망과 위로의 메시지를 전한다.

하나님의 부르심을 받은 예레미야가
이스라엘의 배신을 꾸짖고 돌아오라고 호소한다.
여호와의 성물 가운데 첫 열매가 된 이스라엘이
그를 삼키는 자를 다 벌을 받아 재앙을 만났으리라.

그러나 나는 길가에 앉아 본부인을 버리고 멀리 떠나
음란과 행악으로
이 땅을 더럽힌 자식들을 기다리고 있나니
비록 창녀가 되어 낯을 들 수 없는 수치를 가졌을지라도

나는 네 아버지며 소시적부터 애호자이니
너를 버릴 수 없나니라.
〈예레미야 1장~3장〉

내가 일찍이 북쪽에서 적이 올 것을 알렸고
그를 막지 못하면 마땅히 멸망하리라 예언하였다.
그런데도 너희들은 거짓 예배로 내 마음을 괴롭히고
내 말을 듣지 않으니 슬프고 슬프도다.

아무도 믿을 수 없는 이 세상, 거짓과 참이 무성한 세상
백성의 아우성 소리를 듣지 못하면 언약대로 벌을 받아
베띠가 썩어 문드러지듯 유다의 교만과
예루살렘의 교만이 이렇게 되리라.
〈예레미야 4장~13장〉

과연 대기근이 왔고 무서운 전쟁이 왔다.
"내 부모께서 나를 온 세계의 다툼과
침략을 당할 자를 낳았다."
고 원망하는 예레미야에게
"북방의 철과 놋을 꺾을 수 없다"
일러주시고 선지자의 삶을 예언하셨다.
"이 땅에선 아내를 취하지 말고 자녀를 두지 말라."

끌려가면 그때에야 흩어졌던 백성들이 돌아오리라.
나는 그들의 피난처며 보장이기 때문이다.
사람을 믿고 혈육으로써 권력을 삼는 사람은

저주를 받을 것이다.
안식일을 지키면 내가 저 토기장이가 하는 것 같이
파상된 그릇을 버리고 새 그릇을 만들리라.
〈예레미야 14장~19장〉

바스훌 제사장이 예레미야의 예언을 듣고
하나님을 불평하자
그 성에 살던 사람이 칼과 기근과 염병으로 다 죽었다.
이어서 살롬·여호야김·고니야가
모두 적에게 잡혀가 죽거나 포로가 되었다.
그러므로 메시야는 거짓 선지자가 되어서는 아니된다.

여기 무화과 두 광주리가 있나니
하나는 좋고 먹음직스러운 것이고
다른 하나는 먹을 수 없는 나쁜 무화과다.
이스라엘 백성 가운데도 두 종류가 있나니
포로로 잡혀간 사람들은
다시 회복될 수 있으나 그렇지 못한 사람은 여기서 끝이다.
과연 70년 종노릇을 하면서 진노의 잔을 마신 사람들이
예레미야가 참 선지자인 것을 깨달았다.
〈예레미야 20장~26장〉

바벨론의 멍에를 메고 그와 그 백성을 섬긴 사람들에게
그때 거짓 선지자 하나냐는 예레미야가
하나님의 명령을 따라 만들어 매었던 멍에를 꺾었다.
그러나 선지자 예레미야는 포로된 장로들과

선지자 백성들께
"흔들림없는 마음으로 아내와 남편을 취하여
자녀를 번성하라.
진심으로 하늘을 찾는 사람은 반드시 만나게 되어 있다."
편지하고
이스라엘과 유다는 반드시 회복된다고 장담하였다.
〈예레미야 27장~31장〉

바벨론 군대가 예루살렘을 에워싸고
선지자 예레미야는
유다왕의 궁중에 있는 시위대 뜰에 갇혀있을 때
"이 성을 바벨론왕에게 붙이리니
시드기야가 권고할 때까지 거기 있으라"
하여 있었더니 과연 일이 그렇게 되어
마침내 숙부의 아들 하나멜이 가지고 있는 아나돗의 밭을
은 17세겔에 사게 되었다.

이와 같이 여호와는 한번 맺은 계약을 바꾸지 않고
시드기야가 포로가 되었고
포도주를 마시지 않은 레갑족속들은
끝내 유목민으로 남게 되었다.
바룩은 예레미야의 예언을 써
여후디로 하여금 여호야김 앞에서 읽으니
왕은 그 두루마리를 불사르고 예레미야는
시드기야에 의해 구덩이에 던져졌으나 살아났다.
〈예레미야 32장~42장〉

시드기야 9년
바벨론왕 느부갓네살이 예루살렘을 쳐 이기니
그다랴는 암살 당하고 예레미야는 애굽으로 끌려갔다.
그때 여호와께서
"내 종 바벨론왕 느부갓네살을 블러오리니 유다사람들이 보는
앞에서 큰돌을 가져다가 바로의 집 어귀에 감추어두라"
하였다. 과연 이 일은 하나님의 예언대로 애굽땅이 무너져서
죽은 자는 죽고 사로잡은 자는 사로잡았다.

바룩은 여호야김 4년에 예레미야의 구전을 정리하니
여호와의 예언이 만방에 내린 것과 틀림이 없었다.
블레셋·모압·암몬·에돔·다메섹·
게달·하솔·엘람·바벨론에서 일어난 일이나
예루살렘이 함락된 것까지
한 가지도 맞지 않는 것이 없었다.

〈예레미야 43장~52장〉

선지자(Prophet)

선지자는 하나님의 특별한 부름을 받고
하나님의 말씀을 예언하는 사람이다.

영적인 권위와 맑고 깨끗한 행으로
내외 표리(表裏)가 없이 한결같은 힘으로
사람을 깨우쳐주는 영향력이 있어야 한다.

맹목적인 복음으로 영성의 시간을 보내지 않은 사람이나
하나님의 친밀한 모습과 위엄이 없으면
설사 꿈속에서 갖가지 환상을 보았다 하더라도
그것은 진짜 선지자가 될 수 없다.

예레미야는 이런 점에서 사무엘·모세 이후
보기 드문 선지자라 할 수 있다.

예레미야 애가(哀歌)

수도 예루살렘의 멸망에 대한 슬픈 노래다.
성전이 파괴되고 왕들이 끌려가고
백성들이 포로가 되었던 그 상황을 울면서 노래한 글이다.
죄의 결과가 어떻고 하나님의 사랑이 무엇인가를
뼈저리게 느끼게 하여 새로운 희망으로
새 세계를 꿈꾸는 이들에게 좋은 교훈이 되는 글이다.

슬프다. 이 성이여,
본래는 거민이 많더니
이제는 어찌 그리 척박 졌는고
열국 중에 큰 자가 과부가 된 것 같고
공주가 조공이 된 것 같도다.

슬프다. 주께서 어찌 그리 진노하사
처녀 시온을 구름으로 덮으셨는고
이스라엘의 아름다운 것을 땅에 던졌으니
진노하신 날 발등상을 기억하지 아니하셨도다.

여호와의 노하신 매로 고난당한 자여,
나를 이끌어 흑암에 처넣어 빛을 보지 못하게 하셨으니
종일토록 손을 돌이켜 자주자주 나를 치시도다.

슬프다. 어찌 그리 금빛을 잃고
정금(精金)이 변하였으며
성소(聖所)의 돌이 각 거리에 쏟아졌는고
들개는 오히려 새끼를 낳아 젖을 먹이는데
우리 백성은 잔인하여 광야의 타조 같구나.

여호와여, 우리의 당한 것을 기억하시고
우리의 수욕을 감찰하소서.
우리 기업이 모두 외인에게 돌아갔으니
우리는 아비 없는 자식이요 어미 없는 과부 같습니다.

〈예레미야애가 1장~5장〉

황성옛터(荒城舊址)

황성옛터에 봄이 오니
월색만 고요하구나.
귀인이 천해지고 부자가 가난해지면
애초부터 평민만 못한 것이다.

에스겔

예루살렘이 멸망하기 직전(BC 586)
바벨론에 있는 포로들에게 주어진 에스겔의 경고,

쓸모없는 포도나무 버려진 아이처럼
내일이면 심판 받을 죄인들

두 마리의 독수리가 포도나무를 의지하다가
두 음녀가 끓는 가마 속에서 힘없이 부서진 배

그래도 마른 뼈는 남았으니
언젠가는 회복될 수 있다는 희망을 가져본다.

북방으로부터 폭풍과 큰 구름이 오는데
그 속에 불이 번쩍번쩍한 단쇠가 있었다.
그 속에 네 생물이 있는데 사람과 같았다.
네 얼굴에 네 날개 곧은 다리 송아지 발바닥
구리빛 날개는 일제히 곧게 행하고
얼굴은 앞은 사람, 오른편은 사자, 왼편은 독수리,

번쩍번쩍 번개처럼 빨랐다.
생물의 머리에는 수정궁 같은 궁창이 있고
날을 때 궁창 안에서 물소리,
전능자의 소리, 떠드는 소리, 군대 소리,
허리 이상은 단쇠 이하는 불과 같아 무지개빛이 쏟아졌다.

그가 에스겔에게 두루마리 하나를 주면서
"패역한 백성, 나를 배반한 자에게 보내는 것이다.
열조가 나에게 범죄하여 나에게 이르렀으나
그 자손들까지도 뻔뻔하여 강퍅하므로
내가 너를 그들에게 보내니 너는 그들에게 내 말을 이르라.
듣든지 안 듣든지 상관하지 않는다.

예루살렘이 적에게 포위되리라.
죄값에 의해 끝이 가까워졌으니
주의 영광이 성전을 떠나
벌을 내림으로써 회복할 것을 알리노라.
거짓 예언자들, 우상숭배자들,
열매없는 포도나무를 불태우듯
두 마리의 독수리(바벨론과 애굽)에 의해
저마다 자기 죄로 죽을 것이다.

그러니 방백들의 죽음을 애도하고
내 이름을 욕되게 하지 말라.
하나님의 칼에 예루살렘의 악이 무너지리라.
예루살렘과 사마리아 두 음녀가

끓는 가마솥에 던져질 것이다.
암몬·모압·에돔·블레셋·두로도
지난날 화려한 것이 불같이 사라질 것이다.
시돈·애굽의 동맹도 파멸할 것이고 백향목 같은 애굽도
큰 악어에게 먹힐 것이니 선지자의 임무는 지중하다.
내가 너희 목자가 될 것이니 이스라엘 산들아
마곡의 곡왕처럼 무너지고 말 것이다.

그러니 앞으로 세워질 성전은
동·서·남·북에 각각 문을 만들고 거기 뜰을 형성하여
번제물을 씻는 방과 상, 제사장들의 방을 만들고
성소 안에는 벽과 골방이 있게 하고
지성소 서편에는 건물을 세우고
성전의 내·외부를 장식하되
사방으로 담을 싸서 여호와의 영광을 나타내고
거기 제단을 바쳐 법대로 제사를 지내되
할례를 받지 아니한 사람은 성소에 들어오지 못하게 하고
제사장들에게 하늘의 몫과 백성·왕의 몫을 구분하여
규례대로 제사를 지내라.
안식일과 초하루 보름을 지키고 백성의 대표가 왕이 되어
일천척의 물을 건너 일곱 지파에 땅을 분배하되
성소로 삼을 땅과 레위족 제사장들의 기업을 주어
팔지도 바꾸지도 못하게 하라 하였다.

〈에스겔 1장~48장〉

전도몽상(顚倒夢想)

개가 똥을 보고 달리고
파리가 냄새 따라 날듯이
세상 사람들은 무상(無常)을 상(常)으로 보고
환락(幻樂)을 천락(天樂)으로 알고
얽매이는 것을 대자유로 생각하고
더러운 것을 깨끗하다고 생각한다.

여호와께서 꿈속에 전도된
이스라엘 백성들에게 형벌을 통해
깨달음을 주신 것이니
이것이야말로 역행적(逆行的)인 전도방법이다.

다니엘

다니엘은 유대의 왕족으로 BC 605~530년 사이
세 친구(하나냐·미사엘·아사랴)와 함께
포로로 잡혀갔다.
바벨론왕의 조언자로
메대국의 총리를 지냈던 분이다.

바벨론 이름으로 벨드사살이라 부르며
그 재주와 명철이 널리 알려져
느부갓네살왕의 장례일을 받아주고
벨사살왕의 교만을 꺾고 바벨론의 멸망을 예언하여
바벨론을 정복한 메대왕이 총리로 삼았다.

다리오 왕이 왕 이외에 다른 신을 섬기지 못하게 하였지만
세 친구와 함께 굽히지 않아
사자굴 속에 던져지기도 하였으나
하나님의 보호로 죽지 않고 살아났다.
그는 이 세상 모든 민족은 망해도
하나님의 나라는 망하지 않고

세상의 끝까지 살아남게 된다고 예언하여
믿음과 소망이 있는 자에게 큰 희망을 안겨준 예언자이다.

유다왕 여호야김 3년에 바벨론왕 느부갓네살왕이 예루살렘에
이르러 하나님의 전 기구를 가지고 가 시날에 있는 자기 신묘에
놓고 환관장 아스부나스에게 이스라엘 왕족 중 흠이 없고 아름다
운 지식과 학문 재주를 통달한 소년 넷을 데려오게 하여 갈대아
사람의 방언과 학문을 가르치게 하고 자신의 진미와 포도주를 비
롯하여 무엇이고 마음대로 쓰게 하여 3년 후엔 왕의 시자가 되게
하였으니 그 이름이 다니엘과 세 친구였다.

느부갓네살이 위에 올라 꿈을 꾸니
국내의 박사와 술객·점쟁이를 불러 물었으나
시원한 답변을 듣지 못하자 왕의 시위대장 아리옥이
다니엘을 데리고 들어갔다.
“내가 어제 꿈을 꾸었는데 내 꿈을 알겠느냐?”
“큰 신상을 보셨나이다.”
“그것은 무슨 징조인고?”
“큰 신상의 머리는 왕이요, 은으로 된 가슴과 팔은 이 왕 다음
으로 이 왕만 못한 임금이 나올 징조며, 놋으로 된 배와 넓적다
리는 은보다 강한 왕이 날 징조며, 철로 된 종아리는 그 나라 왕
이 온 천하를 부셔버리는 것이고, 발가락에 철과 진흙이 섞인 것
은 여러 나라 백성들이 한데 어울려도 피차에 합하지 못할 것입
니다.”
왕이 이에 다니엘을 높여 통치자와 지혜자의 어른을 삼았다.
그런데 느부갓네살왕은 60규빗이나 되는 신상을 만들어 낙성

식날 모든 방백과 수령·도백·재판관·재무·모사·법률사·관
원들을 모아 악기에 맞추어 예배드리라 하였으나 다니엘 등 4인
이 절을 하지 않자 뜨거운 풀무불에 던졌다.

그러나 그를 묶어 던진 사람도 타 죽었는데 네 사람은 불속에
서도 걸어다녀 임금과 백성들을 놀라게 하여 오히려 그 벼슬들을
높여 주었다.

〈다니엘 1장~3장〉

세숙공신(稅熟貢新)

익은 곡식을 새롭게 바치니
근면 성실한 자에게는 상을 주고

게으르고 태만한 자들은
내쳐지게 되었다.

그런데 또 느부갓네살왕은 이상한 꿈을 꾸게 되었다. 즉, 큰나
무가 무성하여 하늘 끝까지 닿다가 한 순찰자에 의에 베이고 거
기에 모였던 새 짐승들은 모두 흩어지는 꿈을 꾸었는데 다른 사
람들이 이를 해석하지 못하자 다니엘이 "이것은 왕수(王樹)요 거
룩한 이는 하나님이니 하나님으로 인하여 우상의 무더기가 없어
지고 그루터기만 남았다가 다시 뉘우칠 때 소생하는 꿈입니다."
하니 왕이 하나님을 찬미하였다.

후에 왕위를 계승한 벨사살왕이 왕가 귀족들을 모아 대잔치를
벌리고 있는데 손가락이 나타나 촛대 맞은편 분벽(粉壁)에 글자
를 쓰는 것이었다. 왕이 즐기던 빛이 변하고 넓적다리 무릎이 녹

다니엘 287

아 으스러지매 서로 부딪치는 것을 느꼈으므로 다니엘을 불러 물으며, "네가 만약 이를 정확히 알아 맞추면 나라의 셋째 치리자에 앉히겠다" 하였다.

다니엘이 말했다.

"상금과 권좌는 다른 사람에게 주십시오. 그럴지라도 왕을 위하여 이 글자를 해석하겠습니다. '메네 메네 데겔 우바르신'이라 한 이 글자의 '메네'는 하늘이 이 일을 끝냈다는 말이고, '데겔'은 왕이 저울대에 올랐다는 말이며, '베레스'은 왕의 나라가 나뉘어 메대와 바사에게 준 바 되었다는 말입니다."

말이 끝나자 다니엘에게 자줏빛 옷이 입혀졌으며 금사슬이 목에 드리워져 나라의 셋째 자리에 앉았다.

그러나 그날 밤 갈대아왕 벨사살이 죽임을 당하고 메대 사람 다리오가 나라를 얻게 되었으니 세 가지 꿈이 한 가지도 틀림이 없었다.

〈다니엘 4장〜5장〉

명철해몽(明徹解夢)

명철한 해몽으로
세계 역사를 예언했다.

믿고 믿지 않는 것은 듣는 자의 소관이고
진리는 시간과 공간을 초월해 있음을 증명한다.

다리오왕이 120명의 방백들과 세 명의 총리를 세워 나라를 다스리게 했으나 다니엘이 워낙 빈틈없이 일을 보아 총애를 받아 총리 가운데서도 전국을 관찰하는 총리가 되었다.

이에 시기 질투가 난 다른 총리들이 다리오왕으로 하여금 다른 신을 섬기는 자에게는 사자 밥으로 주기로 하자고 다니엘을 참소하는 법을 세웠다. 그럼에도 다니엘은 하루 세 번씩 기도하여 결국 사자굴에 떨어지게 되었다. 그러나 사자의 입이 저절로 봉해져 이튿날 살아있는 다니엘을 본 왕이 도리어 참소한 자들을 사자에게 던지고 다니엘이 믿는 여호와를 두려워할 줄 알아야 한다고 백성들에게 선포하였다.

그런데 하루는 다니엘이 꿈을 꾸고 환상을 받으니 하늘에서 네 바람이 불어 바다로 나왔는데,

첫째는 사자형상에 독수리 날개를 단 짐승이 날개를 뽑고 두 발로 서는 것이었고,

둘째는 곰과 같은 짐승이 갈빗대 셋을 물고 그 고기를 먹었으며,

셋째는 표범과 같은 것이 네 머리에 네 날개를 달고 날아다녔으며,

넷째는 철이(鐵齒)를 가진 이가 이들을 모두 잡아먹고 뿔 열개를 갖는 것이었다.

다니엘이 놀라 걱정하였으나 이는 장차 현재 임금이 무너지고 여러 나라가 일어나 마침내 철이를 가진 사람에게 통일되는 것을 의미하므로 누구에게도 말하지 않고 혼자만 알고 있었다.

〈다니엘 7장~8장〉

사어병직(史魚秉直)

사어는 죽음으로써

바로 간(諫) 하였으니

바른 것은 바르고
그른 것은 그르기 때문이다.

또 엘람도성 을래 강변에서 두 뿔을 가진 수양이 동서를 활보
하되 천하를 마음대로 돌아다니다가 다른 숫염소에게 져서 눕고,
또 다른 큰 염소에게서는 작은 뿔을 가진 여러 마리 염소들이 나
타났다.
천사 가브리엘이 "두 뿔"은 메대와 바사이고, 숫염소 계승자는
헬라인인데 거기서 네 왕이 나타나니 처음 왕만은 못할 것이다.
그런 줄 알고 누구에게도 말하지 말라 하였다.
그런데 다리오가 갈대아 나라왕으로 세움을 받던 원년 다른
서책을 보다가 여호와께 예레미야 선지자에게 예루살렘이 황무하
기 70년만에 마치리라 하는 말을 보고 이스라엘이 그동안 범죄를
중보하는 기도를 하였다.
또한 다니엘은 힛대겔 강가에서도 환상을 보았는데 그 환상과
꿈이 털끝만큼도 어긋남이 없어 이스라엘 백성들이 갖가지 고난
을 겪고 70년만에 해방되었던 것이다.

〈다니엘 9장~11장〉

지조철벽(志操鐵壁)

지조가 철벽이로다.
목숨을 걸고 임금을 대한다는 것은
확고한 신념이 없이는 아니되는 것이다.

그의 기도는 하늘을 감동시킬 뿐 아니라
무서운 짐승 모든 지식과 상식에서 벗어났으니
어찌 박수·술객·점쟁이들의 영감이 이에 미치겠는가.

호세아

웃시야왕의 말년부터 이스라엘 여로보암 2세와
히스기야 통치 초기에 사역했던 브에리의 아들 호세아는
하나님에 대한 계약관계를 결혼관계에 비교하고
이스라엘의 영적 간음을 고소한다.
신실치 못한 여자와 결혼한 남편이 그의 영향으로
다산의 신 바알을 가까이 하면서 폭력과 위선 반란
동맹으로 죄를 짓고 있다고 말이다.

"이 나라가 나를 떠나 행음(行婬)하고 있으니 너도 음란한 아
내를 얻어 음란한 자식을 낳으라."는 하나님 말씀을 듣고
디블라임의 딸 고멜을 취해
아들 이스르엘과 로암미를 낳고
이어서 또 딸 로루하마를 낳았다.

여호와께서는 이스라엘의 회복을 위해
가출한 아내가 찾아오듯이
먹을 것과 마실 것을 가지고 와도 그들은 행음에 빠져
고향에 돌아와 하나님을 섬길 생각이 없었다.

원인은 지도자들에게 있나니 패역자들이 살육죄에 깊이 빠졌으니 어찌 나라가 망하지 않겠는가.

남북 양국에 똑같이 경고를 내렸으나 뿌리 깊은 죄에 빠진 이스라엘은 오히려 혼란에 빠져 남의 나라만 믿고 있었다.

배은망덕한 나라 우상을 섬기다가 망하리라.

그러나 아버지는 자식을 버릴 수 없나니

"돌아서라" 외쳐도 다시 돌아설 힘마저 잃어버린 이스라엘을 위하여 하나님은 하루도 마음 편한 적이 없으셨다.

그러나 그래도 다시 "이스라엘은 꽃피리라" 다짐하신다.

〈호세아 1장~14장〉

배은망덕(背恩忘德)

낳아 길러주시고 먹여주고
입혀주시던 은혜는 고사하고
눈물의 호소마저 뿌리치고
칼날 위에서 춤을 추는 이스라엘 사람들이여,

하루도 눈물을 말릴 틈없이 따라다니는 여호와,
어쩌면 불효자식을 찾아 헤매는 늙은 어머니와 같도다.

요엘

메뚜기의 재앙 속에
하나님의 심판을 두렵게 생각하여
참회의 눈물로써 여호와의 날을
애타게 기다리는 요엘은
분노의 불을 끄고 그저 용서를 빌었다.

팟종이가 남긴 것은 메뚜기가 먹고
메뚜기가 남긴 것은 늣이 먹고
늣이 남긴 것은 황충이 먹는 것같이
색다른 족들이 내 땅에 올리와
사자 같은 이로 포도나무와 무화과나무를 꺾어
빨갛게 벗겨 버렸으니 어찌 울지 않겠느냐.

정신 차리라. 주가 거동하실 날이 왔다.
돌아오라. 하나님이 기도를 들어주실 것이다.
열방에 영이 내리리니 때를 기다려라.
하늘은 결코 우리를 버리지 아니할 것이다.

〈요엘 1장~3장〉

일월무광(日月無光)

하늘 땅이 빛을 잃으니
해와 달도 빛이 없다.

살 줄만 알고 죽을 줄은 모르는 인간들이
그 속에서도 아귀다툼이니
눈뜬 자가 어찌 가만히 보고만 있으리오.

아모스

선지자 이사야의 아버지 아모스는
남유다의 드고아 출신으로
목자이자 뽕나무를 배양한
평민출신의 선지자다.

공의를 상실하고 가난한 자들을 핍박하면서도
감각마저 잃어버린 사람들에게 정의를 권면하여
눈물로 호소하는 아모스는 공의로써 심판했다.

유다왕 웃시아의 시대, 이스라엘왕 여로보암이 정치하고 있을
때 아모스가 이스라엘에 대하여 묵시(默示)를 받았다.

"다메섹이 길르앗을 압박하고 벤하닷 궁궐이 타고
아웬 골짜기 벧에덴 거민들이 끊어지고
아람 백성들이 사로잡혀 갈 것이다."

아울러 가사와 블레셋·두로·에돔·
암몬·모압·유다에 내릴 심판들을 낱낱이 들었다.

두 사람이 뜻이 맞아야 동행하고
움킴 없는 사자여야 숲·굴이 조용하고
그물이 없으면 새가 허공을 날을 것이고
나팔소리가 없어야 백성들이 편안하다.

궁궐이 포학하니 사마리아가 망할 것이고
위선과 고집으로 이스라엘은 죽을 것이니
하늘을 찬양하고 죄를 참회하여
살길을 찾아야 할 것이다.

내가 환상 속에서 타는 불꽃을 보고
다림줄을 보았으며
또 아모스와 아마샤가 싸우는 것을 보았으니
지도자들은 향락에 빠지고 제사는 겉치레뿐이었다.

과일 광주리에는 빈민들의 눈물이 가득 고였고
진리에 굶주린 자들이 길가에 그득하였다.
마치 메뚜기가 익은 곡식을 다 먹어버리듯
세상은 바짝 말랐으니 누가 구제할 자인가.
그래도 이스라엘은 회생하리니 실망하지 말라.

〈아모스 1장~9장〉

부정부패(不正腐敗)

특권층은 부정하고 지도자는 부패하고
부자들은 사치하고 장사들은 거짓말하고

좋다하면 무엇이고 마구 믿고 따르는
허례허식,
압제와 학대가 구름같이 일어났다.

오바댜

오바댜는 에돔의 죄악들에 대하여 심판을 선언하는 한편
이스라엘 회복을 전하는 예언서이다.
그러나 이것은 어느 나라에 국한된 것이 아니라
하나님을 배반한 모든 나라 모든 사람들에게 해당된다.

너희들이 미약하게 하였으므로
네가 큰 멸시를 받느니라.
문제는 교만이 너희를 속였느니라.
도적이 밤중에 오더라도
마음을 만족하게 취하면 그치나니

에돔은 형 야곱에게
행한 포학으로 인하여 멸절될 것이나
이것은 한 나라에 그치지 않고
만국에 미칠 것이다.
그러니 시온산에 피하는 자들은
야곱의 기업을 누릴 것이다.

〈오바댜 1장〉

언중유골(言中有骨)

말 가운데 뼈가 있고
글 속에 날쌘 칼날이 있다.
해골이 온 세계를 지배하고
콧구멍은 어느 때나 가풍을 불어댄다.

바람 부는 나무숲과
달 비치는 물가에
참 마음이 들어나고
푸른 대 누른 국화 묘법을 보여준다.

요나

바다 · 물고기 · 넝쿨 · 바람을 통해서 전하는
요나의 메시지는 하늘의 보편성을 만인에게 알리는 것이다.
북왕국 여로보암시대 통제받는 이스라엘에게
여로보암의 통치는 확장될 것이니
정신 차려 분기할 것을 촉구하였다.

요나가 여호와를 피해 다시스로 도망가고자
욥바로 내려가 배를 탔는데 태풍이 불어
배가 깨어지게 되자 그 원인이 누구에게 있는지
제비뽑아 요나가 걸렸다.

나는 히브리 사람.
바다와 육지를 지으신
하늘을 경외하는 사람이다.
여호와를 피해 다시스로 도망가려다
이런 일을 당했으니 나를 바다에 던지라.
3일3야를 물고기 뱃속에 있다가
요나의 기도소리를 듣고

물고기가 요나를 육지에다 토해냈다.

요나가 니느웨로 가며 외쳤다.
"40일이 지나면 니느웨가 무너진다."
이 소리를 들은 사람들이 금식을 선포하고 굵은 베를 입자
이 소문을 들은 나라의 왕까지 그러하였다.

요나가 성 동쪽에 초막을 치니
여호와께서 박 넝쿨을 덮어 기쁨을 주었다.
그런데 갑자기 벌레가 생겨 박잎을 다 먹으니
뜨거운 바람과 빛이 그를 곤혹하게 하여
마음에 애착을 끊게 하니
이로 인하여 20만 니느웨 백성과
수많은 축생들의 생명을 사랑하는
여호와의 마음을 이해하게 되었다.

〈요나 1장~4장〉

천심불심(天心佛心)

하나님 마음은 깨닫는 마음
선악 자타를 통하여
본래 한 마음도 없음을 깨닫게 하니
그 마음을 의지하여
세상이 평화를 얻었다.

맑은 바람 구름 일어

산마루로 올라가니
밝은 달은 물에 떠서
다리 지나 흘러간다.

미가

BC 8세기 미가가 활동했던 시기에는
남북 이스라엘을 배경으로 정세가 급변하고 있었다.

사마리아와 북이스라엘이 멸망하고
르신 치하 아람의 멸망을 보고
앗수르가 흥기하는 것을 목격했다.

그래서 그는 악을 심판하고 은혜를 보여주고
정의의 나라가 반드시 들어섰다는 것을 선언했다.

사마리아에 심판이 내리면 예루살렘도 멸망하리라.
그러므로 내가 애곡, 벌거벗은 몸으로
들개같이 애곡하고 타조같이 애통한다.

베들레아브라에서 티끌이 굴것이요
사빌 거민아 벗은 몸에 수치를 무릅쓰고 나오라.
마롯 거빈에겐 재앙이 올 것이고
라기스 주민들은 병거에 준마를 메을 것이다.

악십의 집들이 이스라엘 열왕을 속이니
이스라엘 영광이 아둘람까지 이를 것이다.
대머리처럼 머리털을 깎고
독수리처럼 무리지게 하라.

가난한 자를 억압하는 자는 망할 것이요
죄지은 자는 핍박을 당할 것이나
뉘우치는 자는 풀려 해방될 것이다.
썩은 것도 구하는 것이 하늘이니 용서를 빌어라.

〈미가 1장~7장〉

보검주림(寶劍椆林)

보배 칼을 빼어 들고
삿된 소견 엉클어진 숲을 베니
고루 통하는 길 묘하게 맞추어
천만 갈래 모든 생각 끊어버리네.

옛 성인 나기 전의 까마득한 빛이고
하늘 땅 생기기 전의 신선세계로다.
미가를 알고자 하는가.
아무것도 없는 곳에
불편부당(不偏不黨)이 바로 그것이다.

나훔

엘고스 사람 나훔은
BC 7세기경 노아몬이 멸망하고
니느웨가 멸망하기 전으로 인식된다.

잔인하고 교만한 니느웨(앗수르)에 대하여
하늘의 심판이 가까이 온 것을 선포하였다.
당장 북이스라엘은 멸망하고
남유다 노아몬까지 함락하고 있지만
얼마 가지 않아 그 잔인과 교만이 꺾일 것을 예언했다.

여호와는 투기하고 보복하는 자다.
그 노기가 금방 나타나는 것이 아니라
더디고 멀기 때문에 사람들은 잘 믿지 않는다.
앗수르에 벌하시고 유다를 구원하는 것도 마찬가지다.
니느웨는 저주받아 망할 것이니
이는 반드시 하늘의 진노와 보복 때문이다.

〈나훔 1장~3장〉

철벽무문(鐵壁無門)

칼끝엔 길이 있으나
철벽에는 문이 없다.
온갖 말썽거리는 둘러엎고
온갖 못된 소견은 잘라져 버리리라.

빠른 번개 같아 미처 생각할 수 없고
활활 타는 불속 같아 잠시도 머물 수 없다.

하박국

하박국은 하나님과의 대화이다.
"어찌하여?"란 물음표가 느낌표로 끝나
결국 염려는 예배로, 두려움은 신앙으로
공포는 신뢰로, 자포자기는 희망으로
빈민은 찬양으로 끝이 난다.

"여호와여, 어찌하여 부르짖어도 대답이 없고
외쳐도 구원하지 않고 간악을 보게 하시며
패역을 목도하고 변론과 분쟁이 있게 하시나이까?"

"열국을 보고 놀라고 또 놀라다
너희 생전에 내가 한 일을 행하리.
고할지라도 너희가 믿지 아니했지 않느냐.
그래서 내가 갈대아 사람들을 일으켰나니
그 말은 표범보다 빠르고 이리보다 사나우며
멀리 달려오는 기병이요, 식물을 움켜쥐는 독수리다.

유다의 죄로 인한 벌, 갈대아의 탐욕과 포악

불의의 이득에 대한 재앙, 불의를 세우는 자의 화
우상숭배의 무익을 말하지 아니했느냐.
그런데도 너희들은 믿지 않고 방종했으니
이것은 마땅히 받아야 할 과보로다.

그래서 하박국은 의인의 삶을 믿음으로써 표현한다.
무화과나무가 무성치 못할지라도
포도나무가 열매가 없을지라도
감람나무에 소출이 없을지라도
우리에 양과 소가 없을지라도
우리는 여호와를 인하여 즐거워하며
기쁜 마음으로 살리로다.

〈하박국 1장~3장〉

사자창화(師資唱和)

아버지와 자식이 한 집에 살면서
스승과 제자가 묻고 답하네.
옆구리에 글 써놓고 머리 위에선 뿔이 나고
방안에서 시험하니 사자허리 부러졌네.

천 가지 말을 해도 한 망치에 부서지니
코는 둘이나 혀는 하나로다.
아홉 구비 굽은 구슬 환하게 잘 꿰었으니
부러진 비석 위에 무쇠소가 잠들었네.

스바냐

구시의 아들 스바냐는 왕가 출신으로
남유다왕 요시아 때 사람이다.
유다의 부도덕과 상류계급의 타락을 심판하면서
하나님의 규례를 지키는 자가 구원을 받는다 선언한다.

그러므로 여기서는 이스라엘의 구원만을 외치지 않고
이방인들의 구원도 시사하여 장차 기독교가
세계적인 구원의 종교로 발돋움할 것을 예시하고 있다.

내가 사람과 짐승을 다 없애고
공중의 새와 바다의 고기
거칠게 하는 것과 악인들을 모두 다 없애리라.

지붕 위에서 해와 달을 섬기는 자
여호와께 맹세하면서 말감을 가리켜 맹세하는 자,
나를 배반하고 쫓지 않은 자, 찾고 구하지도 않는 자,
그 날이 가까워 왔으니 희생을 준비 청할 자를 구별하라.

특히 방백들과 왕자들, 이방의 옷을 입은 사람들
주인의 문턱을 뛰어넘어 광포한 사람들
내가 그들에게 고난을 내려 소경같이 할 것이니
겸손의 공의를 지키라.

특히 블레셋·모압·앗수르·예루살렘 지도자들에게
벌을 내릴 것이니 시온에서 기쁜 노래를 부르며
포로들의 귀환을 기다리라. 믿는 자는 모두 구하리라.

〈스바냐 1장~3장〉

일단일체단(一斷一切斷)

시퍼런 칼날은 서릿발 같고
무너진 생명은 삼대와 같다.
한 칼에 만 생명이 한꺼번에 끊어지니
죽은 자는 죽고 살 자는 살 일이로다.

강남 삼월은 언제나 푸르러
자고새 노래하고 꽃향기 그윽하다.
거룩한 빛 어둡지 않아 천만고에 비추나니
이 속에 들어와서는 아는 소리도 하지 말라.

학개

학개는 스가랴와 같이 바벨론에서 귀환한 예언자다.
예루살렘이 함락되고
이스라엘이 바벨론의 포로가 되었을 때
다리오가 성전복구를 폐하자 대제사장 여호수아를 독려,
순종과 정결의 생활을 축복 격려하였다.

주인 없는 집은 많이 뿌려도 수입이 적고
먹을지라도 배부르지 않으며
마실지라도 흡족하지 않고
입어도 따뜻하지 않고
삯을 받아도 구멍 뚫린 전대와 같다.

그러므로 성전을 재건하라.
백성들은 고난에 빠져 있는데
너희들은 너희들의 살 집만 아름답게 꾸미고 있느냐.
비록 그것의 앞의 것만 못하다 하더라도
솔로몬의 성전보다도 더 큰 영광이 있나니
악이 만연되기 전에 성전을 건축하여

미래에 대한 약속의 말씀을 들어야 한다.

〈학개 1장~2장〉

중선도덕(重宣道德)

거듭 도덕을 밝혔다.
부모를 죽인 사람은 하늘께 회개하지만
하늘은 죽인 사람은
회개할 곳조차 없어져 버리기 때문이다.

허공에서 그림자를 붙잡아도 우스운데
세상 밖에서 뛰는 것이 그 무엇이 장하단 말인가.
근본의 법을 바로 내세워야 할 것이니 그리하면
장승도 노래하고 들개들도 춤을 추게 될 것이다.

스가랴

선지자 스가랴가
바벨론에서 돌아온 유대인들을 대상으로
성전 건축에 대한 환상과
상징적인 행동으로 권면하는 내용과
메시야 왕국의 도래를 예언한 책.

너희는 열조를 본받지 말고 내게로 돌아오라.
그리하면 나도 돌아가리라.
다리오왕 2년 11월 스가랴가 밤에 보니
천사가 홍마를 탄 사람이 화석류나무 옆에 섰는데
그 옆에 홍마와 자마와 백마가 있었다.

그들은 그 뿔을 이용하여
유다를 해친 열국의 뿔들을 떨어뜨릴 자였고
척량(尺量) 줄을 가지고 예루살렘 광장으로 가
대제사장 여호수아를 대적할 것이다.
그러나 이는 힘이나 능으로 되지 않고
신으로 된다는 것을 가르쳐 주느니라.

그때 날아가는 두루마리가 보였는데,
이는 온 지면에 행하는 저주라 하였고
에바 속의 한 여인이 나타났는데
네 개의 병거(兵車)가 놋산 사이에 나와
사방으로 돌아다녔다.
이에 여호수아가 머리에 금관을 씌었는데
이는 성전 재건을 상징한 것이라 하였다.

70년 동안 겪은 고난을 7일 금식으로 실천하고
새날의 언약을 듣고 메시야시대가 올 것을 기대하면
하늘이 몸소 보살펴어 거짓 목자를 해치우고
예루살렘에 새날을 맞게 될 것이다 예언하였다.

〈스가랴 1장~14장〉

신곡신주(新穀新酒)

새 술은 새 곡식으로 만들어
새 부대에 담아야 한다.

병이 눈과 귀에 있으니
잘못된 사람들을 보고 잘못된 소리를 들어
아무리 좋은 약도 독약으로 변하므로
몸에 병이 있는 자는
먼저 마음을 고쳐야 한다고 한 것이다.

말라기

구약의 마지막 책으로
세례 요한 이전까지 사역에 관한 예언이다.
하나님의 사랑과 공경·진실·소망·순종·경외로써
새롭게 오실 하나님에 대한 준비를 계시하고 있다.

바벨성전이 재건된 이후 수십년 지나면서
점차로 소망을 잃고 비관·회의하는 유다인들에게
형식적인 종교생활과 제사장들의 부패,
타락한 백성들의 무절제한 생활을 비판한다.

에서는 야곱의 형이지만 에서를 미워하고 야곱을 사랑하였다.
에돔은 황폐된 곳을 다시 쌓으리라 하나 나는 다시 헐리라.
마찬가지로 내 이름을 멸시한 자는
결코 흥하지 못할 것이다.
오히려 이방민족들이 나에게 깨끗한 제물을 바치리라.

나의 언약은 생명과 평강이니
경외와 두려움에서 행해야 할 것이다.

내가 여자를 하나만 만든 것은
제사를 행치 못하게 한 것이니
그대들은 이혼하고 학대하여 미움을 받지 않도록 하라.
이제 내가 특사를 보내 내 앞에 길을 예비할 것이니
나를 죽이는 자는 마땅히 그 대가를 받으리라.

〈말라기 1장~4장〉

이귀쟁시(二鬼爭屍)

한 송장을 가지고 두 귀신이 싸우는 격이다.
이 몸은 거품 고름주머니라 하면서도
그 몸을 위해 일생동안 몸부림치는 인생,
몸을 따라가는 사람을 망한 것이요
영을 따르는 사람은 영생할 것이다.

하루 24시간 일곱 구멍에서 눈물 콧물이 나올지라도
날마다 닦고 정결히 하는 사람은 천사의 도움을 받아
날개 달고 하늘로 올라간다 하였다.

발문

하나님 마음이 부처님 마음이고
부처님 마음이 하나님 마음이다.

하늘은 천으로써 세상을 다스리고
부처는 사랑으로써 세상을 구하였다.

죽을 줄만 알고 살 줄을 모르는 사람에게는
죽음을 통해 삶을 보여주고

죽고 사는 것이 본래 둘이 아닌 것을 깨달은 사람에게는
이 세상의 삶이 무엇을 위해 필요한가를 보여주신 것이다.

하늘에는 본래 선악이 없고
부처에게는 본래 미오(迷悟)가 없다.
깨닫지 못하므로 선악이 생기고
깨닫지 못하므로 미오가 있나니

선도 생각하지 말고 악도 생각하지 말라.
이것이 부처님 마음이요 하나님 생각이다.

聖書禪解

印刷日 | 2010년 3월 25일
發行日 | 2010년 3월 31일

발 행 인 | 한　　동　　국
발 행 처 | 불교정신문화원
편　　저 | 활안 한 정 섭

인　　쇄 | 이 화 문 화 사

발행처 | 477-810　경기도 가평군 외서면 대성리 산 185번지
전　화 | (031) 584-0657, 4170
등록번호. 76. 10. 20. 경기 제 6 호

값 15,000원